写真と動画でわかる！

久保健太 編著

主体性から理解する

子どもの発達

中央法規

はじめに

　「私たちの園では、子どもの主体性を大事にしたいと思って、保育をしています」

　「こぼしたら拭く。ということを、子ども自身で気づくのも主体性じゃないかって思うんです」

　「だけど、こぼしたらこぼしっぱなし、って本当に主体性なの？　って」

　「そのあたりで、同僚の人たちとも、いつも話し合いになるんです」

　「それって、子どものわがままじゃないの？　って」

　「そうして、語り合っているうちに、『主体性ってなんだろう？』ということがわからなくなってきて、それで、今回の園内研修のテーマは『主体性ってなんだろう？』なんです」

　といった声をよく聞きます。

　主体性はこれまで**「様々な選択肢の中から、その人なりの判断基準で『するかしないか』を決めること」**だと考えられてきました。

　だから、保育者は**「できる限り多くの選択肢」**を準備したり、その子どもがじっくりと**「するかしないか」**を決めるのを待つことを大事にしてきました。

　そうした主体性の考え方に加えて、**「様々な『やりたい』『やりたくない』『なんかいい』『なんかやだ』がその人の中に湧き出たり、収まったりしてしまうこと。そうして生きている実感に充たされていること」**も主体性と呼ぼ

うという**「新しい主体性」**の考え方が登場してきました（ジル・ドゥルーズ という哲学者による思想です）。

　一緒に鍋をつついたときの「ああ、あったかいなあ」という感覚でもいい。ぎゅっとくっついたときの「ああ、きもちいいなあ」という感覚でもいい。洞窟を見つけたときの「不気味だけど、不思議だな」という感覚でもいい。様々な感覚がその人の中に生まれては消えていく。そうして、生きている実感に充たされる。そうした働きも「主体性」と考えるという思想が登場しました。

　というわけで、整理をすると、主体性には下の二重の働きがあります。

Ⓐ 様々な「やりたい」「やりたくない」「なんかいい」「なんかやだ」がその子の中に湧き出たり、収まったりすること。そうして、その子が生きている実感に充たされること。
Ⓑ 湧き出たり、収まったりしていく感覚を、自分の中で確かめながら、「その子なりの判断基準」で「するかしないか」を決めること。

　育つということは、Ⓑにおける「判断基準」が複雑になるということでもあります。「イヤイヤ期（第二期）」になると、「じぶんで！」という気持ちと、「みてて！ みてて！」という気持ちの両方が、その人の中に開花してきます。そこでは、**「自分のことは自分で決めたい」「ちゃんと一人前扱いされたい」**といったように、するかしないかを決めるときの判断基準が複雑になります。

　その次の「第三期」になると（詳しくは、本書の中で説明します）、みんなとつくった「約束」や「順番」も大事にしたくなってくるので、判断基準は、さらに複雑になります。

人間は、そうした複雑な「揺れ」を生きています。その「揺れ」の中に育ちの芽があります。

　その「揺れ」をうまく読み取りながら、「揺れ」る人間同士が、一緒に生きていくための参考になるような本を目指しました。

　そして、自分の「揺れ」や、相手の「揺れ」を読み取る際の言葉を、学術の言葉よりも、保育者の肌感覚に合う、ふだん使いの言葉で書きたいと思いました。ですので、若い保育者たちの力を借りました。

　限られた時間の中での作業でしたが、**人間の育ち（揺れ）の「すじ道」を、保育者の肌感覚に近い言葉で書く、**という目標には近づけたと思います。

　とはいえ、まだまだ修正の余地があると思います。読者のみなさんの力もお借りしながら、その目標に近づいていきたいと思います。

2023年11月　久保健太

contents

第1章　子どもの発達段階を知る

第**2**章 子どもの姿（場面）から「主体性」をとらえる

第**3**章 子どもの姿から主体性と発達をとらえる

本書の特徴と学び方

● 本書は、「主体性の姿と子どもの育ち」をテーマにした勉強会をもとにまとめています。

● 勉強会に参加している感覚でお読みいただけるだけでなく、園内研修の教材としてもお使いいただけます。

第1章	① 写真や動画で示された子どもの姿を見て、自分なりにその子を理解しましょう。
	② 「発達のとらえと保育のポイント」を読み、ほかの保育者の保育を知りましょう。
	③ 子どもの育ちの理論を学びましょう。

QRコードより
動画がご覧いた
だけます。

撮影保育者による、場面の
背景と状況説明です。

保育者が着目したい、
子どもの育ちの姿です。

保育者の専門性があら
われているところを紹
介しています。

第2章	① SCENEで示された子どもの姿を見て、自分なりにその子を理解しましょう。
	② DISCUSSONを読み、ほかの保育者はどう考えるのかを知りましょう。
	③ ミニ・レクチャーとLECTUREで、子どもの育ちの理論を学びましょう。

写真を撮影した保育者による場面説明です。

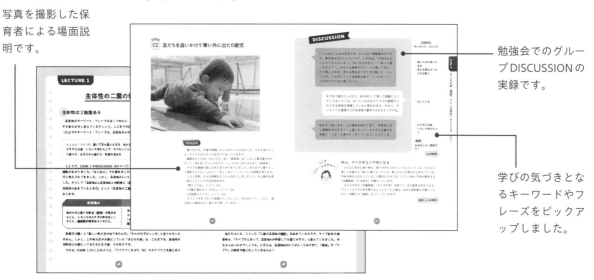

勉強会でのグループDISCUSSIONの実録です。

学びの気づきとなるキーワードやフレーズをピックアップしました。

第3章	①事例を読んで、自分なりに課題に取り組みましょう。
	②ほかの保育者はどう考えるのかを知りましょう。
	③LECTUREで、子どもの育ちの理論を学びましょう。

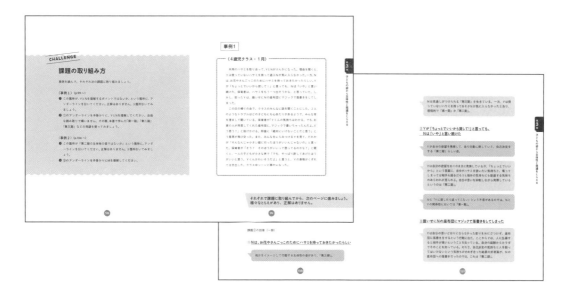

本書での学びの前に

　この本には、子どもを理解するための理論がたくさん盛り込まれています。それらの理論に触れる前に、次の倉橋惣三の言葉を、かみしめておいてほしいと思います。

> 　心理学は児童の心理を分析して教えてくれる。それが、教育の正しき方法を知る為に、極めて必要な知識であることは言を俟たない。すなわち、児童に関する精（くわ）理解である。しかし、それだけで、児童のすべてが知れたのではない。それを理解するほかに、味わい触れてやるという、大切な要件が残されている。あたかも、一つのシンフォニーが、なんの音となんの音とから成り立って、それが、どういう順序になっているかということを分解しただけで本当にシンフォニーを聴いたとはいえないと同じである。音響学が音楽のすべてでないように、分解し、説明する児童心理学が、児童のすべてではない。——それは、まあどうでもいいとして、教育者は、児童を理解すると共に、その心もちを味わってやらなければならない。生きた感じを持つ音楽として、そのひびきを聴いてやらなければならない。
>
> 　　　　　　　　（倉橋惣三「子どもの心もち」『育ての心』）

　うーん、いい文章ですね。せっかくいいことを言っているのに「それは、まあどうでもいいとして」とか言ってしまうのは、倉橋の人間味があふれていて、いいですね。

　私は、倉橋の言うとおりだと思います。理解するのではなく、味わい触れてやらなければならない。そのひびきを聴いてやらなければならない。

　そうして「心もち」を察することは大切です。しかし、その一方で「心理」を理解することも、やはり、大切です。

「心もち」を察するとき、保育者は心（こころ）を働かせて、子どもの「心もち」を察します。対して「心理」を理解するときには心理学をはじめとした保育理論が役立ちます。

　私は、日本の保育者のみなさんは、子どもの「心もち」を察することにかけては、かなり高い水準にあると感じています。しかし、「心理」を理解するための機会が足りていないようにも思います。

　外国かぶれのように聞こえてしまうかもしれませんが、ストックホルムやブダペストの保育者たちは、研究者と一緒に「ケースカンファレンス」を行っていました。しかも、勤務時間内にケースカンファレンスの時間が保障されていました。

　そこでは、「保育記録」に基づいて、「子ども理解」がなされ、「保育方針」が立てられていました。下の図のようなイメージです。

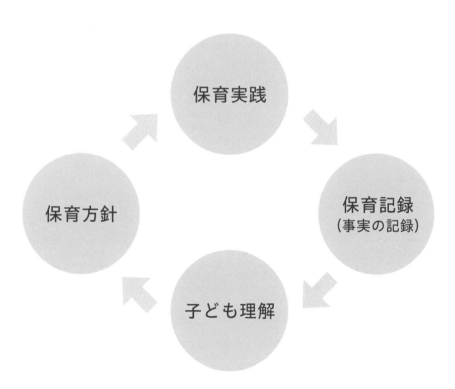

記録をもとに子ども理解をし、子ども理解をもとに保育方針を立てる。このような
サイクルは、日本の園でも行われているかもしれません。
　しかし、私がもっとも違いを感じたのは、「子ども理解」において、保育者一人ひと
りの「個人知（その人ならではの子ども理解）」と、保育チームの「協働知（チームに
よる協働的な子ども理解）」が登場するだけでなく、研究者による「一般知（理論知。
保育理論からの子ども理解）」が登場しているという点でした。

　ストックホルムやブダペストでは、子ども理解の際に「心もちを察すること」と「心
理を理解すること」の両方が行われていました。
　言い換えれば、保育者による「個人知」「協働知」も大事ですし、研究者による「一
般知（理論知）」も大事なのです。

　しかも、保育者と研究者が一緒になって行うケースカンファレンスが、公的に、手
厚く支援されていました。
　日本でもいくつかの園が、自助努力として、研究者を招いたケースカンファレンス
を行っています。そうして、「個人知」「協働知」と「一般知（理論知）」とを連動させ
て、「子ども理解」をし、「保育方針」に活かしています。

　こうした輪が公的に支援されるように、そうして園を横断した「子ども理解の輪」
がさらにひろがるように。
　本書は、そのような未来を目指しています。

久保健太

第1章

子どもの
発達段階を知る

目の前の子どもの姿をとらえ、

育ちを理解するために必要な理論をまとめます。

まずは、動画を見て、自分なりの気づきをもってから、

理論に進みましょう。

子どもたちの姿から

子どもたちがリヤカーを動かそうとしている場面です。

いいなあ、おもしろいなあ、すてきだなあと思ったところを3箇所ほどメモしてください。正解はありません。

まずは一人で、自分の気づきを自由に書いてください。もし複数人で見ている場合は、（一人でのメモが終わった後に）周囲の人と、どんな気づきがあったかを伝え合ってみてください。

場面説明

12月に入り、寒さの到来の前に、焚き端（ばた）をつくります。焚き火に使う丸太を取りに行こうと保育者が倉庫からリヤカーを出していたところ、年少組の子どもたちがやってきました。

QRコードより、動画がご覧いただけます。
https://chuohoki.socialcast.jp/contents/774

1

「（リヤカーを運ぶのを）やってみたい、やらせて！」と言ったのは、何ごとにも積極的なタケちゃんです。アッくんが加勢に入り、2人でリヤカーを引き始めました。

山道を下りてきたところでリヤカーが何かに引っかかり、動かなくなってしまいました。押しても引いても動きません。

アックんが「だれかー」と声を
あげました。アックんは、ふだ
んはやんちゃで、自分の「やり
たい」を力づくで押し通しがち
な面があります。そんなアック
んが自然体でコミュニティに参
加し、みんなに協力を呼びかけ
ている姿を見て、保育者はうれ
しくなります。

アックんの呼び声に応え、ケイ
くんとエイトくんが駆け寄って
いきました。ケイくんは、もの
ごとを建設的に考える力をもっ
ている子どもです。

リヤカーが動かない理由を探ろ
うと、ケイくんがリヤカーの下
をのぞき込みました。ケイくん
はリヤカーが段差に引っかかっ
ていることに気づいて指を差し
ます。保育者は「ケイ、手をは
さむぞ」と声をかけました。

そこへ登場したのがタイケイく
ん。ものごとを構造的に見るこ
とができる子どもです。

タイケイくんは、ケイくんが指
さししたところを注意深く見て
います。それでもリヤカーは動
きません。

タケちゃんが「みんな力を貸し
て」というと、エイトくんが「は
い、いいよー」と答えて、「気」
を送るしぐさをしました。タケ
ちゃんは一緒に押してほしいと
いう意味で「力を貸して」と言
ったのでしょうが。そんな食い
違いがあるのも、子ども同士の
やりとりのおもしろさです。

タケちゃんはもう一度、「力を貸して」と言いました。するとリタくんが、「俺が力を貸してやる」と、かっこよく答えました。

リタくんのかっこいいフレーズに触発されて、アッくんが「変身！」と言ってパワーアップ。ちょうどそのときタイケイくんがリヤカーを持ち上げて、リヤカーが動き出しました。

みんなでリヤカーを引っ張ります。誇らしげな子どもたちです。

子どもの姿 **ココ**を見て!

「ココ、すてきだなぁ」と感じてほしい場面をピックアップしました。

「だれかー」「みんなあつまってー」と呼びかけている姿。すてきですね。**仲間を信頼している**ことが伝わってきます。そして、**その呼びかけに応じて集まってくる**子どもたち。いいですよね。**呼びかけて、応答してもらって、応答してもらえるから、呼びかけて。**こういった経験が「子ども同士の信頼関係」を育んでいます。そして、子どもたちが助けを求めても、保育者は信じて見守っています。

発達のとらえと保育のポイント

ここで見られるのは「子ども同士の信頼関係」です。子どもの呼びかけに保育者が応じると同時に、子どもの呼びかけにほかの子が応じる。そうした経験も味わってほしい。そうして「子ども同士の信頼関係」も開花させてやりたい。保育者は、そんな思いで「自分たちでやるっていったじゃん」を口にしています。十分な信頼関係があるからこそ、です。

「第一期の子どもの育ち」:p.30へ

3

一生懸命引っ張る子ども、押す子ども。それに力を貸す子ども。ここに見られるのは、そんな子たちだけではありません。その姿を少し離れて見ている子もいます。**それぞれがそれぞれの距離感で、この場に参加しています。**大事なのは**「やらされている子」が一人もいないこと。**ここにいる子どもたちは、**どの子も「やりたい」と思って、この場にいます。**

発達のとらえと保育のポイント

私たちは「見るだけ参加」の子どもに、「あなたもやってみたら」と、ついつい声をかけてしまいます。しかし、「見るだけ参加」であったとしても、「口だけ参加」であったとしても、その子はその子なりの距離感で参加しています。「ガッツリ参加」ではない参加の仕方が許される。「口だけ参加」「見るだけ参加」が許される。それは「自分のことは自分で決める」という主体性のために、とても大事なことです。

「第二期の子どもの育ち」：p.40へ

押しても引いても動かない。「どうして動かないんだろう？」。**自分
たちで考える**。リヤカーの下をのぞき込んで、「あ、引っかかって
る！　持ち上げればいいんだ！」を**自分たちで見つける**。すてきな
姿ですね。**「やりたいけれど、できない。できないけれど、やりた
い」そんなとき、人は必死になって学びます。**「ワラにもすがる」と
き、人はワラからでも学ぼうとします。ここにあるのは、その姿で
す。

発達のとらえと保育のポイント

①「やりたい！」に火がついて、②「やりたいけれど、できない」にぶつかって、
③「やった！　できた！」にたどり着く。学びはそんなプロセスです。正しいやり方
を教えるのが教育ではありません。この保育者がすてきなのは、「やりたいけれど、
できない」姿を見守るところ。そこで手や口を出さずにいるところ。さらには失敗
（できないよ）をときには笑い飛ばしながら見守っているところです。

「学びの5段階」：p.55へ

8

押す人がいて、引っ張る人がいて、持ち上げる人がいる。持ち上げるという動かし方を発見した人がいて、それをまわりに伝える人がいる。そうした**役割分担がごくしぜんに生まれている**。すてきですよね。

発達のとらえと保育のポイント

「子どもと保育者との信頼関係」があって、「子ども同士の信頼関係」があれば、子ども同士が安心して「自己主張」「自己発揮」「自己決定」をします。こうした自己主張から、すれ違いや食い違いが生まれることもありますが、子どもたちはすれ違い・食い違いで終わらせずに順番をつくり、役割を分担するようになっていきます。その根底にあるのは、子ども同士の応じ合い、ひびき合いです。

「第三期の子どもの育ち」：p.48へ

このように、子どもの育ちの姿をとらえて
主体性が発揮される環境をつくっていくために、
子どもの主体性の育ちについて学んでいきましょう。

年齢区分と葛藤を通した育ち

エリク・H・エリクソン
アメリカの発達心理学者。生涯を8つに分類し、それぞれの時期で生じる葛藤があるとし、その葛藤を乗り越えることで、希望という「人間的な強さ（徳）」が開花すると考えた。

葛藤
人生は葛藤の連続。人間が宿している「人格」という種は、「葛藤」を太陽や水にして、開花していく。

　子どもの発達は、年齢発達の視点だけではとらえられません。目の前の子どもの姿をとらえようとしたとき、押さえておきたいのがエリクソンの発達理論です。

　エリクソンは、人間の一生を8つに分け、乳児期から老年期までの年齢区分と、そのときどきで生じる葛藤を通した発達との関係性を下の図のように表しました。

第八期 （老年期）							統合 対 絶望、嫌悪 英知
第七期 （成人期）						ジェネラティビティ 対 停滞 世話	
第六期 （前成人期）					親密 対 孤立 愛		
第五期 （青年期）				アイデンティティ 対 アイデンティティ混乱 忠誠			
第四期 （学童期）			勤勉性 対 劣等感 有能感				
第三期 （遊戯期）		自主性 対 罪の意識 目的					
第二期 （幼児期初期）	自律性 対 恥、疑惑 意志						
第一期 （乳児期）	基本的信頼 対 基本的不信 希望						

Erikson1982：56-57＝1989：73より作成

乳幼児期の子どもの発達過程

　保育の場で出会う子どもたちは、おおむね第一期から第三期にかけての発達の過程にあると考えられます。

第一期

離れても戻ってきてもらえる〈信頼〉と、離れたら戻ってこないかもしれない〈不信〉がせめぎ合う時期

「離れても戻ってきてもらえる」「できなくても見放されない」等、自分が何かアクションを起こせば応答してもらえるという経験を通して、子どもは「基本的信頼」を培っていきます。

第二期

自分で決めたい気持ち〈自律性〉と、視線が気になる気持ち〈恥〉がせめぎ合う時期

「自分で決めたい」「一人前扱いされたい。でも、十分にはできない」自分もいて、その葛藤を生きる中で、少しずつ自律性が育っていきます。

自律性
「自立」と「自律」は異なる。自立 (independence) は、依存しないで自分のことは自分ですること。自律（autonomy）は、自分のことは自分で決めること。どの靴をはくか、どの服を着るか。それを自分で決めるのが自律。しかし、自分一人でははけないし、着られない。だから自立の前には「助けて」を言える基本的信頼が大事。

第三期

みんなの手でつくり上げていく〈自主性〉と、みんなに迷惑をかけてしまう〈罪の意識〉がせめぎ合う時期

自分たちが描く世界を、みんなの手でつくり上げていく。その際に、自分たちで順番や約束、役割をつくる。自分一人では実現できなかったイメージを、みんなの力をより合わせて実現していくことで「自主性」を育んでいきます。

自主性：p.49参照

人は積み重なって育っていく

　子どもの発達は、下の図のように、第一期の上に第二期、第二期の上に第三期と積み重なっていきます。

　人はもともと不安定な存在です。第一期に、身近な人と基本的信頼を築くことを通して健康に過ごすことで、しっかりと安定した土台がつくられます。続く第二期、第三期には、様々な不安や葛藤、否定的感覚などが生まれてきますが、土台が安定していれば揺らぎません。一方、第一期で愛着形成が不十分で安定した土台がつくられないと、第二期、第三期はぐらつくことになります。

　子どもを見ていて、土台が細いままだなと感じたら、年齢に関わらず第一期の育ちを見直しましょう。

自信型・不安型：p.46参照

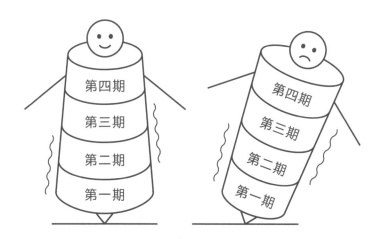

　土台が安定していると、成長の過程で経験する様々な不安や葛藤が生まれても、それを引き受けられる「自信型」の子どもに育ちます。一方、土台が安定しないと、「不安型」になる可能性が高くなります。

相反する気持ちが
せめぎ合いながら成長する

　第一期、第二期、第三期それぞれの段階において、発達の糧となるのは「葛藤」です。人は、相反する気持ちがせめぎ合い（葛藤し）ながら成長します。

　このせめぎ合いを、「やじろべえ」に見立ててみましょう。

　それぞれの期ごとで①②がせめぎ合い、葛藤しながら、人は自分を育てていきます。しかし、②が振り切れると、③の状態が生まれてしまいます。

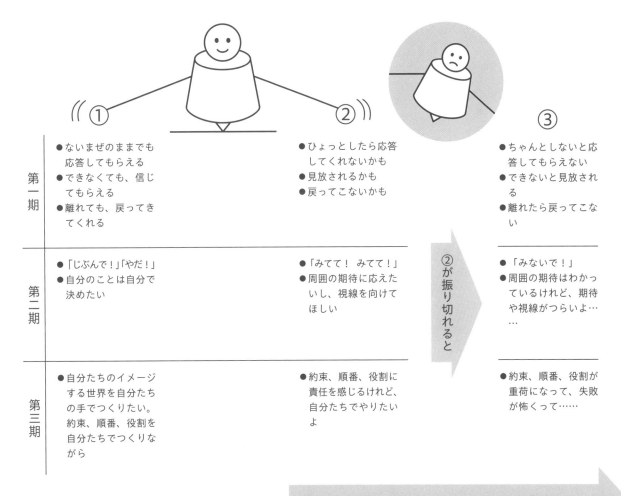

	①	②	③
第一期	●ないまぜのままでも応答してもらえる ●できなくても、信じてもらえる ●離れても、戻ってきてくれる	●ひょっとしたら応答してくれないかも ●見放されるかも ●戻ってこないかも	●ちゃんとしないと応答してもらえない ●できないと見放される ●離れたら戻ってこない
第二期	●「じぶんで！」「やだ！」 ●自分のことは自分で決めたい	●「みてて！ みてて！」 ●周囲の期待に応えたいし、視線を向けてほしい	●「みないで！」 ●周囲の期待はわかっているけれど、期待や視線がつらいよ……
第三期	●自分たちのイメージする世界を自分たちの手でつくりたい。約束、順番、役割を自分たちでつくりながら	●約束、順番、役割に責任を感じるけれど、自分たちでやりたいよ	●約束、順番、役割が重荷になって、失敗が怖くって……

②が振り切れると

第一期、第二期、第三期の発達と、それぞれの期の
葛藤について、次のページから詳しく説明をしていきます。

第一期（乳児期）の子どもの育ち

安定した
やじろべえ

不安定な
やじろべえ

「信頼」と「不信」が
せめぎ合うのが第一期

● 「自分は応答してもらえる大事な存在なのだ」という自分への
信頼

● 「この人は応答してくれる人だ」という相手への信頼

　この二つが基本的信頼です。

　それは、「ちゃんとできなくても応答してもらえる」「できなく
ても見放されない」という感覚です。「ないまぜのままでも応答し
てもらえる」「できなくても信じてもらえる」という感覚です。
年齢を重ねてくれば、「『助けて』と言えば、助けてくれる」「貸し
ても返してくれる」「譲っても自分の番がくる」という感覚へとふ
くらんでいきます。

　それはつまり、<u>離れても戻ってきてくれる</u>という感覚です。

● 「自分は応答してもらえない存在なのだ」という自分への不信

● 「この人は応答してくれない人だ」という相手への不信

　この二つが基本的不信です。

　それは、「ちゃんとしないと応答してもらえない」「できないと
見放される」という感覚です。

　年齢を重ねてくれば、「『助けて』と言っても、助けてもらえな
い」「貸したら返してもらえない」「譲ったら自分の番がこない」
という感覚へとふくらんでいきます。

　それはつまり、<u>離れたら戻ってこない</u>という感覚です。

「応答」が信頼関係をつくる

人間の中では、信頼と不信がせめぎ合います。特に「はじめまして」の人同士では、たとえ大人であっても、「うまくできないと応答してもらえないかもしれない」という不信が、信頼を上まわることがあります。

子どもだって同じです。

だからこそ、その人の、一つひとつの呼びかけに応答します。そうして、基本的信頼（第一期の人間関係）をつくります。とはいえ、そんなにむずかしく考える必要はありません。

4月、5月の陽射しに包まれながら「ああ、きもちいいね」「きもちいいね」とひびき合う。この「ひびき合い」がいちばん素朴な応答のかたちです。

そうした人間同士の「ひびき合い」は、「子ども同士の第一期」に通じるものです。

応答

大事なのは「離れずにそばにいること」ではなく、「離れても、呼ばれたら、そばに戻ること」。言い換えれば、距離を縮めることよりも、伸び縮みさせること。応答とは、離れないことではなく、子どもからの呼びかけに答えられる範囲で離れること。離れても、呼びかけに応えて戻ること。

子ども同士の第一期
（子ども同士の基本的信頼）

①「助けて」と言ったら、助けてもらえる
②より身体的な「ひびき合い」
　「おいしいよ！」に「おいしいね！」
　「すごいよ！」に「すごいね！」
　とひびき合う。

　人間を超えた自然に、一緒に吸い込まれ、飲み込まれ、包み込まれ、入り込む。

第一期に子どもは「希望」を獲得する

　第一期の子どもの姿を、保育における具体的な場面をもとに見ていきましょう。

　19ページで紹介した場面です。

　このアッくんは3歳。自分と今いる数人だけではリヤカーを動かすことができず、「だれかー（手伝って）」と声をあげて、まわりに助けを求めています。

　これこそが「第一期」が育っている証拠です。

　というのは、アッくんは自分がアクションを起こせば、友だちのだれかが応答してくれると信じているからです。言い換えれば、アッくんは、まわりの友だちとの「基本的信頼」と「基本的不信」の葛藤を乗り越え、「希望」を獲得しているのです。

場ごと、人ごとに第一期がある

「3歳」という年齢だけをとって、第一期を乗り越えていて当たり前だというわけではありません。

同じ3歳でも、たとえば幼稚園に入園したての3歳だったら、おそらく「だれかー（手伝って）」という言葉は出てこないでしょう。家庭では「やって」と言えるでしょう。あるいは、担任の先生になら言えるかもしれません。でも、出会ったばかりの友だちに助けを求めることはできないでしょう。先のアッくんが友だちに向かって「だれかー」と言えるのは、0〜2歳までを一緒に過ごした仲間として、信頼、安心を感じているからです。

ここでわかるのは、実は、第一期は、場ごと、人ごとにあるということです。

大人でも、知り合ったばかりの時期は互いに様子を見合い、相手が自分に応答してくれる存在かどうかを確かめます。少しずつ相手のことがわかり、自分も相手に開示する中で、信頼関係を構築していく時期があるでしょう。これも第一期の姿です。

「貸して」「どうぞ」は第一期を乗り越えた姿

あちらこちらでおもちゃの奪い合いが起きるクラスがあります。奪い合いが起きるのは、「貸して」「どうぞ」ができないからです。なぜできないのかというと、簡単にいえば、「貸しても返ってくる」ことが信じられないからです。それは、子どもたちの間に、信頼関係が育っていないということです。このクラスの子どもたちは、まだ第一期を乗り越えていないのです。

おもちゃの奪い合いは、1・2歳児のクラスではよく見られる光景ですが、5歳児になっても友だちに「貸して」が言えず、奪

い取る子どももいます。年齢が上がっても第一期を乗り越えられずにいる子どもは少なからずいます。一方、1歳児でも第一期を乗り越えている場合もあります。

　次の写真（動画）を見てみましょう。

QRコードより、
動画がご覧いただけます。
https://chuohoki.socialcast.
jp/contents/775

　Oちゃんは、1歳児クラスの子どもです。おやつの時間、紙パックにストローがさせず、保育者に「できないよ」と言いました。ここでは、Oちゃんの中に「できない」と訴えれば先生が助けてくれるという基本的信頼がすでに存在していることがわかります。

　助けを求められた保育者は、「Cくんができるよ」と言いました。するとOちゃんはCくんに自分のジュースとストローを渡したのです。CくんはストローをさしてOちゃんに返しました。そのあと、となりのFちゃんも、「できない」と言い、Cくんに渡そうとする姿がありました。

　1歳児クラスですが、すでに第一期を乗り越えた信頼関係が見られます。

　第一期を乗り越えた姿とは、保育の場面では、「『貸して』『どうぞ』のやりとりができるようになった」「自分ができないことを『やって』と言えるようになった」姿をイメージするとわかりやすいでしょう。

保育者の気づき
「できない」は自分を安心して見せられるようになったプラスの言葉

　私は、子どもが「できない」と言ったとき、「できるよね」とか「一人でやってごらん」と答えることが多かったのですが、これは、私が「できない」というのをマイナスの言葉としてとらえていたからだと感じました。

　「できない」と言うのは、できない自分を安心して見せられるようになった、むしろプラスの言葉なのですね。「できない」と言われたときの保育者の応答として、やってあげる、「自分でやってごらん」と言う、の2択ではなく、「友だちに頼んでごらん」があるのだと気づきました。

新しい環境で、
人は第一期をたどりなおす

　この世に生まれたとき、新しい園に入園したとき、新しい学校に入学したとき、新しい職場で働き始めたとき、言い換えれば「新たな地平をひろげるとき」（エリクソン）、人は第一期をたどりなおします。

　では、保育の場において、子どもが「第一期を乗り越えようとしている」のを感じた場面について、保育者の声を紹介します。

> 　入園直後の子どもが「ママに会いたい」と泣いている姿に、母親との間に基本的信頼がしっかり築けているのを感じます。はじめは保育者の抱っこをいやがっていた子が、抱っこを受け入れてくれるようになるのは、保育者との第一期が育ってきているということだと思いました。

> 　保育者との間に育った基本的信頼が、しだいにまわりの友だちにもひろがっていく姿に、第一期の課題を乗り越えたのだと感じました。

> 　年長クラスで、「できる」ことへのこだわりが強く、常に友だちと張り合っている子どもがいました。運動会の練習が始まったある日、その子が「できない」という言葉を口にしました。「自分は本当は跳びたいけれど、跳べない」と。その子が自分の弱さを人に見せられたことがすごいなと思い、成長を感じました。

　2歳児クラスに入園してきたときは、一人で食事もできるし、おしっこも自分で言えてトイレでできる、まったく手がかからない子どもがいました。それが、5月ごろから涙が出るようになってきました。できないことを「できない」と言えるようになってきました。

　6月になって、初めて保育者に「先生、やって」が言えました。

　秋になり、クラスの子どもたちが平均台で遊んでいました。その子は平均台の上を一人で渡るのが怖かったようで、保育者に「できない、怖い」と言いました。そうしたら、まわりの友だちがしぜんにその子の手をとって、一緒に平均台を歩いてくれたのです。その子はとてもうれしそうでした。次の日も平均台で遊びました。その子がまた「できない」と言ったので、保育者が手を握ろうとしました。すると、その子は「違う！」と言って手を離しました。友だちに手をつないでもらいたかったのです。

安心できる人間関係をひろげる
第一期

　大人でも、新しい職場で「できません」「わかりません」をなかなか口に出せずに、苦しくなる経験はあるでしょう。そして、「できないので助けてください」「わからないので教えてください」と言える先輩を見つけて安心した経験があるでしょう。

　子どもも同じです。新しい園に入園して、新しいクラスに入って、「できないこと」や「わからないこと」があっても口に出せずに緊張してしまう。そんなとき、保育者や先生が「**できなくても大丈夫だよ。そばにいるよ**」と言ってくれると、とても安心するのです。

　そんな人間関係をたくさんひろげていく。それが人間関係の第一期です。

育ちの中の「倫理」

「するかしないか」を決める判断基準の一つ

　子どもが育つということは、判断基準が複雑になることです。周囲からの「期待」や「視線」、みんなとつくった「約束」、場合によっては社会的な「規範」、他者からの「強制」などの中で、子どもは「するかしないか」を決めるようになります。

　この判断基準の一つに「倫理」があります。倫理とは、その子の生命と周囲の生命とのひびき合いの中から湧き出てくる基準です。「カラダの中からの声」と言い換えてもいいかもしれません。

　子どもは、自分のカラダの声を聞きながら、「やりたい」「やりたくない」「なんかいい」「なんかやだ」などなど、湧き出たり収まったりする感覚を自分の中で確かめながら、その子なりの判断基準で、「するかしないか」を決めていくのです。

乳児こそ「倫理」を働かせている

　「倫理」（カラダの声）は、判断基準としてすぐれています。

　たとえば、どんなに食べることが「快」な感覚でも、食べすぎると「不快」になります。腹八分目を快適と感じる感覚があるわけです。

　その意味で、道徳的規範に浸かりきっていない子どもたちこそ、「倫理」を働かせながら「するかしないか」を決めているといえるでしょう。

　たとえば、子どもたちは、水で遊ぶことが大好きです。少しくらい寒くても、大

人が「風邪をひくからやめてほしい」と思っても、水遊びをやめません。でも、「風邪をひくから」という情報や「やめてほしい」という規範によってではなく、自らが「寒い」と感じてやめることが、カラダの声を聞くということです。

——「倫理」を判断基準として働かせている子どもの姿 ——

気持ち悪いけれど気持ちいい、行ってみたいけれど怖い

暑い日でした。「海の公園」に着くなり、娘の晃子（5歳）は裸足になって走りまわります。波打ち際にプクプクと泡の出ている砂を見つけて、のぞき込んでいます。そこに、大きな波が来て、晃子の足がぬれました。

水の冷たさが心地よかったのか、晃子は自分から、少しずつ水に入っていきました。

最初はくるぶし。次にふくらはぎ。そして、ひざ。ワンピースをたくし上げながら、徐々にぬらしていきます。そこに大きな波が来て、晃子のワンピース

がぬれました。

この場面で、晃子の中には、様々な感覚が生まれています。「ワンピースがぬれちゃった。気持ち悪いな」「今日は暑いけれど、水の中に入ったら、なんか気持ちいいな」「あっちのほうで、泳いでいる子がいるな。自分と同じくらいかな。私もあそこまで行ってみたいな。けれど、怖いな」。

心地いい、だけど、ちょっと怖い、だから、いきなりザブンはしない。「カラダの声」と相談しながら、自分の行動を決めています。

（2022年5月）

第二期（幼児期初期）の子どもの育ち

「じぶんで!」と「みてて!」が せめぎ合うのが第二期

第二期は、とても大事な時期です。

子どもたちの中で「自分のことは自分で決めたい気持ち」と「周囲の期待に応えたい気持ち」とがせめぎ合う。それが第二期の育ちです。

「じぶんで！」（自分のことは自分で決めたい気持ち）と、「みてて！」（今から、先生の期待に応えることをするから、ちゃんと視線を向けてね）という気持ちとが、心の中で、同時に芽生えてきます。

29ページの表でいえば、

●左側に「自分で決めたい」気持ち

●右側に「視線を向けてほしい」「周囲からの期待に応えたい」気持ち

右側の気持ちが高じると、「視線を向けてほしくない」や「周囲からの期待に応えなきゃ」に振り切れてしまいます。

「期待を伝えること」と 「禁止を伝えること」は違う

「ひろげたらひろげっぱなし」。そんな子どもには、（信頼を土台にした上で）「一緒にたたもうよ」とか、「ひろげたら、たたんで

ほしい」という期待を伝えてよいのです。子どもの中にも「期待に応えたい気持ち」「一人前扱いされたい気持ち」が開花しているのですから。

ただし、「たたんでほしい」と伝えることと、「ひろげないで」と伝えることは違います。言い換えれば、「してほしいこと」を伝えることと、「してほしくないこと」を伝えることは違います。それは「期待を伝えること」と「禁止を伝えること」の違いです。

期待は「一緒につくりたい未来」を伝えることです。ひろげてしまった過去を責めても、仕方がありません。それなら、つくりたい未来を一緒につくるほうが前向きです。

一緒に未来をつくるわけですから、期待の伝え方は「一緒にたたもう」でよいのです。気持ちよく、一緒にたためばよいのです。それでは大人が手を出しすぎだと思うかもしれません。しかし、そのうち、子どものほうから「みてて！　みてて！　（たためるようになったよ）」と言い始めます。

期待を伝える	禁止を伝える
してほしいことを伝える	してほしくないことを伝える
つくりたい未来を伝える	してしまった過去を伝える
前向き	後ろ向き

第一期の「信頼」を土台に
第二期は育つ

第二期の育ちで大切なのは、第一期の「信頼」が土台にあることです。つまり、うまくたためなくても、見放されないこと、そばにいてもらえることです。そうした信頼が土台にあれば、人間同士、お願いをしてもよいのです。

どの服を着るか、どの靴をはくか、それを本人が決める。しか

し、服のボタンをうまく留められないかもしれない。靴のテープをうまく留められないかもしれない。「自分で決める」ことはできても、「自分でやる」ことがむずかしいことはあります。

　だからこそ、「できないよ。助けて」を安心して言える信頼の感覚（第一期の人間関係）が土台にあることが大事なのです。

期待に応えたい気持ちが生まれる第二期

　第二期の「自分で決めたい気持ち」を象徴するのは、「じぶんで！」とか「いや！」という言葉です。いわゆるイヤイヤ期です。

　周囲の期待に応えたい気持ちは「みてて！　みてて！」になり、期待に応えられないかもしれないという自信がない場面では、人の視線から逃れた場所でやりたがる姿もあります。

　期待に応えたい気持ちがポジティブに働くときは「みてて！　みてて！」になり、ネガティブに働くときは「みないで」になるということです。

第一期から第二期へは、行きつ戻りつ進む

　はじめは「できる」ことにこだわっていたのが、しだいに「できない」をさらけ出すようになった子どもの話がありました（36〜37ページ参照）。これは、第二期から第一期に行きつ戻りつしている姿です。第一期から第二期へは階段を上るように進むのではなく、行きつ戻りつ、ある意味、同時並行で進むともいえます。

　ここで、第二期の姿を感じた場面について、保育者の声を紹介します。

　2歳児クラスの子どもの、ひと筋縄ではいかないところに、第二期の姿を感じます。

　たとえば、散歩に行くとき、自分で靴をはこうとしている子どもにうっかり保育者が手を貸したり靴をそろえなおしたりすると、「じぶんで！」「いや！」が始まり、大騒ぎになります。ほかにも、食事の時間になっても部屋に戻らず、「いや！」と言い続けている子どもがへそを曲げてしまい、そこからどうにもならなくなったときなどに、第二期を感じます。

　幼稚園に入園している3歳児は、早い子どもで7月ごろ、遅くても10月ごろ、第二期の姿が見られるようになると感じています。

　はじめは「できる」自分を見てもらって保育者との信頼関係を築こうとしていた子どもが、そのうち「できない」「やらない」自分を見せながら関係を築こうとしていく姿があります。たとえば、お弁当を食べたあと弁当箱を袋にしまうのを、それまでずっとできていたのにわざとやらなくなった子どもがいました。それまでずっとがんばってきていたけれど肩の力が抜けたということかもしれないし、友だちと思うように遊べずにストレスがたまったはけ口としての行動かもしれません。このような変化に、第二期の姿を感じています。

　"子どもはある時期になると、できない姿を見せながら信頼関係を築こうとする"と分析しています。

　幼稚園に入園してくる3歳の子どもたち（保育所では、2歳児クラスの子どもたち）の年齢であれば、「自分には、どんな振る舞いが求められているのか（期待されているのか）」ということを察知して、子どもは、大人が求める以上に"おりこうさん"に、お行儀よくふるまいます。それは第二期の姿です。

　しかし、保育者との信頼関係が築かれると、できない姿を見せ

ながら信頼関係をしっかりと築こうとします。それは第一期の姿です。

期待が大きいと、抑制が強くなりすぎること（過剰適応）がある

第二期の子どもの中には、自分のやりたいことと周囲の期待とを天秤にかけて、周囲の期待に沿うことばかりをしようとする子どもがいます。保育者や保護者など大人の顔色を見ながら、自分に求められていることを察知して先まわりして行動するのです。これは抑制が強すぎる状態で、「過剰適応」といいます。

たとえば、友だちが水をこぼしたとき、保育者の顔を見て、自分がこぼしたわけでもないのに率先して水を拭く子どもがいます。これは自分がやりたくてやっているというより、ほめられたくてやっている行動です。したがって、保育者が見ていないところではやりません。こうなると問題です。

このような場合、その子の自己決定を励ます必要があります。「無理して、おりこうさんにならなくていいよ」「自分のやりたいようにやっていいんだよ」「いやだったら、やらなくてもいいんだよ」といったメッセージを伝えます。保育者のほうに向いている矢印を自分に向けるのです。

そもそも子どもが期待に応えたときに、大人がほめすぎるのがよくありません。「助かるよ」「ありがとう」くらいにとどめておきたいところです。

ではここで、第二期の子どもの姿で、気になる子どもの事例について、保育者の声を紹介します。

抑制
倉橋惣三が「子どものわがまま」（『育ての心』）の中で述べているように、子どもの中には「自己主張の力」と共に「自己抑制の力」も備わっている。大人が無理に強制するのではなく、子どもが自分で自分を抑制（自制）できるようになること。それを大事にしたい。これについては、第2章で深掘りする。

> 2歳児クラスの3歳の男の子。4人兄弟の3番目で、下の子どもが生まれたばかりです。まだ発語はありませんが、人の言葉は理解できています。
> この子の「みてて！　みてて！」がすごいのです。友だちのお母さんがお迎えにくると、その子の荷物を持ってくる。一人前扱いされたくてこのような行動をとっているようです。

　ほかの場面で、やりたくないことに「いや」という意思表示ができていれば、過剰適応の状態ではないでしょう。自分で決めたい気持ち、周囲の期待に応えたい気持ち、どちらも強いタイプの子どもで、両方の気持ちが併存しながらせめぎ合っているようです。この子が何かしてくれたら、大げさではなく、対等な人間同士の声のトーンで「ありがとう」と返す対応がよいでしょう。

> 2歳児クラスの3歳の女の子。持ち上がりの担任には「みてて！　みてて！」と言えますが、新しい担任には秋になっても「みてて！」と言えません。「じぶんで！」とか「いや！」と言う場面もほとんどなく、ほかの子どもに譲ったり、自分でやるにしてもほかの子どもが何をどうするかを見てからやるなどの姿があります。

　「みてて！　みてて！」と言う相手を選ぶのは、第一期での人間関係が十分築けていないのかもしれません。第一期の人間関係ができて、ありのままの自分を安心してさらけ出せるようになると、その信頼を土台にして、第二期の「みてて！　みてて！」も出やすくなります。この子の場合、信頼の関係をひろげていけば大丈夫です。
　「ほかの子どもが何をどうするかを見てから自分もやってみる」という姿は、自分に何が期待されているのかを見極めようとしている（模範解答を探している）姿です。この子なりに、必死に考

えているのです。

とはいえ、失敗を過剰に恐れることがないように「できなくても、見放さない」という信頼の関係は、しっかりと築きたいものです。

第一期、第二期の時期に
「自信型」と「不安型」に分かれる

人間には、「自信型」と「不安型」の2つのタイプがあります。「やりたいからやる」「できないかもしれないけれどやる」というのが自信型、「やりたいけれどやらない」「できないかもしれないからやらない」というのが不安型です。もちろん「自信」だけ、「不安」だけの人はおらず、どちらも混ざり合っているのがふつうの人間です。

人間はもともと、自信型で生まれてきます。寝返りをする、つかまり立ちをする、歩き出す——どれも、できないかもしれないけれどやろうとします。しかし、生まれて2〜3年くらい、ちょうど第一期、第二期の時期に、不安型になる子どもも出てきます。

だからこそ、「基本的信頼」が大事です。くり返しになりますが、「できなくてもそばにいるよ」「いてくれるだけでうれしいんだよ」というメッセージが、子どもに伝わるように接することが大事なのです。

気持ちのすれ違いや食い違いの経験が
第三期の育ちにつながる

次は、子どもが「第二期の葛藤を乗り越えようとしている」姿を感じた場面です。

　ペットボトルで作ったバッグを持って散歩に出かけたときのこと。2歳児のCくんとDくんは、道の途中でたくさんのどんぐりを拾ってバッグに入れました。その後Cくんは、バッグの中のどんぐりを全部こぼしてしまい、それをほうったまま歩き出しました。保育者が「Cくん、どんぐり、どうするの」と聞くと、「いらない」と言います。「いいのね？」と確認し、「いい」と言うので先に進みました。

　しばらくして、Dくんのバッグからどんぐりが1つ、コロコロと転がりました。それをキャッチしたCくんは、そのどんぐりを離そうとしません。Dくんが「返して」と言ったところ、Cくんは「いやだ」と泣き出しました。

　保育者は「Cくんもどんぐり、ほしくなっちゃったよね。でも、それはDくんのだよね。返してあげようか」と言いましたが、Cくんは聞き入れません。すると、Dくんが突然走り出し、Cくんがこぼしたどんぐりをいくつか握って戻ってきました。そして「Cくん、これあるよ」と渡してくれました。

　このやりとりの中で、自分の気持ちが自分でわからずグチャグチャな気持ちになったCくんに第二期の姿を、自分なりに考えて、Cくんのために動いたDくんに第三期の入り口の姿を感じました。

　CくんとDくんは安心して自己主張しています。それは第二期の人間関係の姿です。土台には信頼の感覚（第一期の人間関係）があります。

　しかし、自己主張は、すれ違いや食い違いで終わることも多々あります。そうしたすれ違いや食い違いをたくさん味わうことも大事です。この場面では、保育者が無理に仲直りさせずに声かけしています。そうすると、Dくんが「道の途中で転がったどんぐり」を思い出して、食い違いをほどこうとします。「今ここ」で起きていることから身を離して、自分たちの姿を「外」から見て、「見通し」を働かせて、状況を解決しようとしています。この様子は、まさに第三期の入り口の姿です。

第三期（遊戯期）の子どもの育ち

約束をつくりながら、自分たちの世界をつくっていく第三期

第二期までは、目の前のことに没頭しながら生きています。したがって、自己主張や自己発揮が、すれ違いや食い違いで終わることも多々あります。

そんなすれ違いや食い違いから、「だったら順番で使おう」と順番をつくったり、「一緒にやろう」と役割分担をしたりする。そうやって約束をつくりながら、自分たちの世界を、自分たちで動かしていく、つくっていく。それが第三期の姿です。

29ページの表でいえば、

●左側に**「約束、順番、役割を自分たちで決めたい」**気持ち

●右側に**「責任を感じるけれど、自分たちでやりたい」**気持ち

右側の気持ちが高じると、責任が重荷になってしまいます。

この時期には、想像力（イマジネーション）もひろがっていきます。見えないはずの「かいじゅう」を一緒に倒そうとする子どもたちの姿や、見えないはずの「プリンセス城」で一緒に踊る子どもたちの姿を見たことがあるでしょう？

そのようにしてイメージの世界に吸い込まれ、飲み込まれ、包み込まれながら、遊び込む。それも第三期の姿です。

「正しさ」を大事にする気持ちが育つ

第三期には、「正しくありたい」という気持ちが育ってきます。「ちゃんと守ってよ！」「つまんないよ！」「ずるいよ！」と言いながら、正しくあろうとする姿がどんどんあらわれてきます。そうした「正しさ」の根底には、「楽しさ」への気持ち（「楽しく過ごしたい」という気持ち）があります。

たくさんひびき合って、たくさん楽しむ。一緒に笑って楽しんだ記憶を、たくさんためる。第一期のひびき合いです。そんな「楽しさ」の経験が、「正しさ」を大事にする気持ちを生み出します。

一人ひとりを大切にしながら、公平に接する。そんな生き方を、大人も大事にしたい時期です。

ひびき合い：p.31参照

「見通し」を判断基準に
行動の抑制が生まれる

第二期までの子どもは目の前で起きていることに引っ張られがちですが、第三期に入ると全体を見通せるようになり、「見通し」を判断基準に「するかしないか」を決めるようになります。

判断基準になるのは、周囲からの期待や視線、みんなとつくった約束や順番、社会的な規範、ほかの人からの強制など。

エリクソンはこの第三期を、自主性と罪の意識がせめぎ合う時期と表現しました。

保育の中で、子どもが自分の判断基準で行動を抑制していると感じる場面から、第三期を読み解いていきましょう。

自主性
第三期の主体性の姿。「自分一人ではできないことを、仲間たちと約束や順番や役割を決めながら、自分たちの手で実現していく」姿であり、「約束や順番や役割によって、自己抑制を働かせる」姿でもある。
自分たちで決めた約束や順番や役割だけではなく、保育者や親が決めた約束や順番や役割に従わざるを得ないこともあり、様々な抑制を受けながらも、自分たちの手で、自分たちの世界をつくっていく。

4歳児クラスの子どもたちの間に、「『いれて・いいよ』のやりとりをしてからでないと遊びの仲間にいれない」というルールが自然発生的にできてきました。「いれて・いいよ」のやりとりが始まったのは3歳児のときからですが、それがルール化したのは4歳児になってからです。

　保育者が強制したわけでもないのに、と不思議に思いつつ、私自身はあまり好ましいことではないと感じています。

　みんなとつくった約束のもとに自分の行動を抑制しているのが、いかにも第三期という感じがします。一方で、この姿をあまり好ましいことではないと見ている保育者の感覚も正しいと思います。どうも抑制が強すぎるような気がするからです。自然発生的なルールとはいえ、「ルールを守らないと仲間にいれてあげない」というのは少し厳しすぎるというか、もう少しゆるくやろうよ、と言いたくなります。

　というのも、第三期には、あえて設定をゆるくして行動しやすくするという姿もあるからです。

　「あえて設定をゆるくする」と聞いて、思い出した場面があります。子どもたちが人形で「おうちごっこ」をしていたとき、そこにゴマアザラシのぬいぐるみや、自分で作った何かを持って入っていく子どもの姿がありました。大人から見るとありえない組み合わせで、よくわからない感じのごっこ遊びになってしまいましたが、子どもたちはとても楽しそうでした。

　混ざらないはずの世界観が混ざり合いながら、子ども同士でイメージを共有し合いながら遊びがひろがっていくのが、まさに第三期です。このおもしろさ、豊かさを味わい続けることのできる

人間になってほしいと願います。そのためにも、保育者がそのおもしろさ、豊かさを一緒に味わいたいです。

「ゆるさ」を残す保育が
経験を豊かにする

　自分の判断基準をもとに、「やりたい」「やりたくない」という感覚が湧き出たり収まったりを十分に経験することが、その後の人生を豊かにします。

　抑制が強すぎると、経験が狭くなります。十分に経験するために大切なのが「ゆるさ」です。このゆるさは、子どもの中に湧き上がったものが入る隙間になります。

　写真は、私の娘です。ある日曜日の午後、娘2人が押し入れから布団にジャンプをしています。布団は「着地台」です。

先ほどまで、この布団は「山」でした。娘たちは「山にいるかいじゅうを倒す」と言いながら、布団の上でもつれ合って遊んでいました。さらにその前、布団は「すべり台」でした。娘たちは、布団を高く積み上げ、そこからすべり落ちる遊びを楽しんでいました。

　つくり込みすぎず、なんにでも姿を変える「布団」という存在が、娘たちの遊びを豊かにしています。

　保育の中で、つくり込みすぎることの弊害は、意味を限定してしまうこと、ひろがりを阻害してしまうことにつながります。

　子どもがすべり台に関心をもったからと、すぐに「すべり台プロジェクト」を始めたりしていませんか。そこには、「すべり台」が「山」や「着地台」へと転がっていくような余白（ゆるさ）はありますか。先ほどの「いれて・いいよ」も同様です。「いれて・いいよ」よりも「入るよ・楽しいよ」くらいの余白（ゆるさ）があったほうが、子どもも大人も楽になるはずです。

子どもの言葉の意味を限定しない

　子どもが友だちや保育者に向かって、「いやだ」「嫌い」などと言ったとき、すぐに「そういう言葉は言っちゃだめ」などと注意していませんか？　その子の「嫌い！」は言葉どおりの意味ではなく、「好き」が混ざった「嫌い」かもしれません。

　子どもたちは、遊びながらけんかをすることがあります。互いに「嫌い！」「いや！」などと言い合いますが、次の瞬間、「こっち来て！」「一緒にかいじゅう倒そう」にも変わるのです。これが、言葉の「ゆるさ」です。

　言葉の行間にある「ゆるさ」を感じ合えるといいですね。

Column

「年齢区分と葛藤を通した育ち」と主体性

　子どもの育ちをとらえるにあたり、エリクソンの「年齢区分と葛藤を通した育ち」の表を紹介しました（26ページ参照）。この、第一期から始まる**「葛藤を通した育ち」とは、主体性の育ちのこと**です。

　しかし、実は主体性にはAとBの2種類があります。

　主体性AとBは、二重に働きながら育っていきます。この要素を加えて作った表が、以下のものです。

主体性Bの育ち	第八期 （老年期）							統合 対 絶望、嫌悪 英知
	第七期 （成人期）						ジェネラティビティ 対 停滞 世話	
	第六期 （前成人期）					親密 対 孤立 愛		
	第五期 （青年期）				アイデンティティ 対 アイデンティティ混乱 忠誠			
	第四期 （学童期）			勤勉性 対 劣等感 有能感				
	第三期 （遊戯期）		自主性 対 罪の意識 目的					
	第二期 （幼児期初期）	自律性 対 恥、疑惑 意志						
	第一期 （乳児期）	基本的信頼 対 基本的不信 希望						
		主体性A 湧き出し続ける感覚・マグマ・野性 倫理						

「主体性AとB」について、「主体性AとBの二重の働き」については、第2章（61ページ～）で詳しく説明します。

第四期（学童期）の子どもの育ち

ものをつくりながら、技術・知識をものにしていく第四期

　自分たちで約束や順番、役割を決めながら、自分たちのイメージする世界を、自分たちでつくる。それが第三期の姿です。第四期になると、自分たちのイメージする世界をつくるときに、自分なりの「こだわり」が生まれてきます。

　たとえば、こだわりなくぬっていた、そのぬり方にこだわりが込められるようになってきます。同様に、積み方、ちぎり方など、ものをつくるときに、様々なこだわりが込められるようになります。まるで職人のようにものをつくります。

　ものをつくりながら、自分にとって必要な技術や知識をものにしていく。それが第四期の姿です。

　こうした技術や知識の獲得の過程は、右ページで紹介する「学びの５段階」で説明することができます。

　大事なのは、そうした「ものづくり」には失敗がつきものだということです。だからこそ、「できなくても見放されない」という信頼の感覚（第一期の人間関係）を育てておくことが大切です。

キーワードは「有能感」

　小さい失敗と小さい成功をくり返しながら、「できなくても、やれば、できる」という感覚を開花させていく。第四期のもう一つ

の姿です。この「できなくても、やれば、できる」感覚を育むためには、「いい失敗」をたくさん味わうことです。

「やりたいけれど、できない」と「やらされて、できない」は違います。子どもたちには、「やりたいけれど、できない」という「いい失敗」をたくさん味わってほしい。そこからの「やった！できた！」もたくさん味わってほしい。そうして「できなくても、やれば、できる」という有能感が育ちます。

エリクソンに言わせれば、「自己肯定感」は「基本的信頼（第一期）」と「有能感（第四期）」とが二重に働くことによる感覚です。「できなくても、見放されない」という「基本的信頼」に支えられながら、失敗と挑戦と成功をくり返して、「できなくても、やれば、できる」という「有能感」を開花させていきます。

子どもの挑戦を、あえて見守りながら「有能感」の開花を励ますことも必要です。

学びの5段階

学びには次の5段階があります。

1. やりたい！
2. やりたいけれど、できない。できないけれど、やりたい
3. やった！　できた！
4. いつでも、どこでも、やりこなせる
5. できるようになったことが、周囲に波及する

18〜21ページで紹介したリヤカーを引く子どもたちの事例では、子どもは「1. やりたい！」と思ってリヤカーを引こうとしたけれど、途中でリヤカーが引っかかり、「2. やりたいけれど、できない」という状況に陥ります。そして、試行錯誤のうえ、「3. やった！　できた！」というところまでを体験しています。

保育では、学びの5段階における2と3の間がとても大切になります。はじめにやりたいことがあって、それがうまくできなくて、試行錯誤しながら3に到達するまでの間に、子どもは自分で自分を育てていくのです。

「主体性」とは？
「主体性を大切にする保育」とは？

「主体性」や「子どもの主体性を大切にする保育」について、今の保育現場ではどのような理解なのでしょう。

「子どもの主体性」について事例を通して学ぶ前に、トークセッションを行いました。

参加者

（写真左から）

久保健太

川口夏音
（2歳児クラス担任・保育者歴2年）

荒木恵理子
（フリー・主任・保育者歴13年）

手塚詩織
（4歳児クラス担任・保育者歴4年）

城田 龍
（0歳児クラス担任・保育者歴4年）

「主体性」は
まだ十分理解されていない

久保　保育の中で「主体性」という言葉がよく用いられていますが、「主体性ってなんですか？」と聞かれると、答えるのはなかなかむずかしくないですか？

手塚　大学では「子どもの主体性を大切にしましょう」と教わりましたし、園では「子どもの主体性を育む保育をしなさい」と言われています。子どもが選ぶことだけが主体性ではないと思っていますが、それ以上深く考えられておらず、もっと知りたいです。

荒木　子どもが自分でやりたいことを考えて選べる環境や関わりを意識して保育をしており、それが、子どもの主体性を大切にすることだと思っています。ただ、主体性ってなんなのかと聞かれると、言葉につまってしまいます。

川口　保育士として働いて1年が過ぎ、大学時代に習った専門用語と実際の保育とが少しずつつながってきました。そこにおもしろさを感じながらも、毎日がめまぐるしく、「主体性」など、一つひとつの言葉と向き合う時間がもてずにいます。

城田　「主体性」について、これまでも研究会などで学んできましたが、自分の言葉で語れるまでにはなっていません。後輩に伝えられるくらいになれたらいいなと思っています。

久保　よくわからないとはいえ、「主体性」や「子どもの主体性を大切にする保育」という言葉に漠然としたイメージはあったと思います。それは、どのようなものでしたか？

川口　子どもが「やりたい」と、言葉や態度で表現できることが主体性で、それに応える環境や関わりをつくることが子どもの主体性を大切にする保育。そんなふうにイメージしています。

荒木　主体性とは「やりたい」という気持ちで、それがうまくいかなくて、どうしようと考えて試行錯誤する子どもの姿を見守ったり、支えたりするのが主体性を大切にする保育。

手塚　子どもが何か壁にぶつかったときに、自分で乗り越えていく力が主体性だと思っていました。園では、子どもが何かを「やりたい」と言ってきたときに、まずは「わかったよ」と受け止め、その上で「どうしたらいいかな？」と子どもに考えさせたり、子どもが選べる環境を用意したりしています。

城田　主体性というと、自分の意志が出てくる幼児の世界のことだと思っていて、0歳児の担任なので、日々の保育で主体性を意識することはありませんでした。でも、ある本で0歳児にも主体性があると知り、その視点で見てみると、「これも主体性かな？」「あれも主体性かな？」という場面がたくさん出てきました。

「子どもが『やりたい』と、言葉や態度で表現できることが主体性で、それに応える環境や関わりをつくることが子どもの主体性を大切にする保育。そんなふうにイメージしています」

川口夏音

「子どもが自分でやりたいことを考えて選べる環境や関わりを意識して保育をしており、それが、子どもの主体性を大切にすることだと思っています」

荒木恵理子

久保　なるほど。では、それぞれのイメージは、園や同僚と共有できていますか？

城田　同僚と話していて、主体性という言葉の理解がそれぞれで少し違っているように感じます。すり合わせるのがむずかしく、それがチームワークが弱くなる原因の一つにもなっている気がしています。

手塚　「主体性を大切にする」という観点から、その保育が不適切ではと感じても、なぜ不適切なのかをうまく言葉で伝えられません。園の中に主体性という言葉の共通理解が生まれたらいいなと思います。

久保　主体性という言葉をきちんと理解できていないと、同僚と意思疎通ができず、保育にズレが生まれてしまう可能性があるということですね。考え方の違いはあっていいけれど、大事にしたいものは共有しておいたほうがいい。そのために、主体性について、とことん語り合うことが役に立つかもしれません。

「『主体性を大切にする』という観点から、その保育が不適切ではと感じても、なぜ不適切なのかをうまく言葉で伝えられません。園の中に主体性という言葉の共通理解が生まれたらいいなと思います」

手塚詩織

「主体性という言葉の理解がそれぞれで少し違っているように感じます。違うままでよいのですが、その違いを話し合える機会が少ないので、それが余計にズレを生んでしまっている感覚があります」

城田 龍

主体性を大切にするには
環境を準備しすぎないことが必要

久保　ここまでのみんなの話を聞いていると、子どもの「やりたい」に応えることを、主体性を大切にする保育だととらえる傾向がありますね。でも、そうするとつい、保育者がお膳立てをしがちです。やさしい保育者こそ、環境を準備しすぎてしまう。

荒木　たしかに！　うちの園では7〜8年前に、それまで保育者主導型の一斉保育をしていたのが、これからは子ども主体の保育をしようということになったんです。それに伴い、自由遊びの時間を増やし、保育者の数も増やして、子どもが自分の遊びを自由に選ぶのを支えるようにしました。

手塚　うちの園もそうです。できるだけ子どもの選択肢を増やすことを意識しています。

久保　それが悪いとは言いません。でも、子どもの主体性を意識するならば、子どもがつくりたい世界は子ども自身がイメージし、子ども自身がつくるのだということも大事ですね。子どもが一人でつくれないときには、大人や友だちにお願いすればいいんです。お願いするということ自体も主体性なので。そして、「何かを発揮すること」だけではなく、「何かを発揮しないこと」、つまり自分の行動を調整・抑制することも主体性です。

　　　主体性には、自己発揮することだけでなく、自己抑制を働かせることも含まれるという点を、これから学んでいきましょう。

第**2**章

子どもの姿（場面）から
「主体性」をとらえる

子どもの場面写真と場面説明、

勉強会でのディスカッションを紹介します。

レクチャーでは、子どもの育ちをとらえるために

必要な理論をまとめます。

まずは自分の考えをもってから読み進めましょう。

自分なりに主体性を
とらえる

子どもの主体性を感じた場面（写真）を選び、どのような姿に主体性を感じたか、そこから浮かび上がる主体性のキーワードを出してみましょう。

SCENE 01　スプレーボトルを研究する1歳児

場面説明

　今日から水遊びが始まりました。

　1歳児クラスのSくんはスプレーボトルを見つけ、どうやったら水が出るのかと奮闘していました。集団から少し離れ、大人には頼らず、とにかくいろいろなところを触って、いろいろな角度を試しています。

　水が出せるようになると、今度はいろいろなところに水を飛ばしています。ただ、ちょっとしたことでまた水が出なくなってしまうので、そのたびにむずかしい顔をしてまた研究をくり返しています。

DISCUSSION

Sくんは、大人のやっていることを自分もやりたい、という意欲が強いタイプです。やりたいことをやっているところに主体性を感じました。主体性イコール「やりたい」なのかなあと思います。

・やりたい

お話からSくんはワクワクして取り組んでいたのではと感じました。ワクワクも、主体性のキーワードの一つかなと思います。

・ワクワク

私は説明や写真から、「ワクワク」とはちょっと違う感じを受けました。むずかしい顔をしていて、楽しそうには見えなくて、このときのSくんは、研究者みたいな感じがします。ワクワクは主体性のきっかけであって、主体性そのものではないのかもしれないと思いました。

疑問
ワクワクは主体性のきっかけであって、主体性そのものではないのでは？

ここで
ミニ・レクチャー

ワクワクも主体性

　「ワクワクは主体性そのものではないのでは？」という疑問に答えるなら、「ワクワクすること」（A）と、「ワクワクをもとに、自分なりに表現すること」（B）の両方を「主体性」と呼ぼうというのが、主体性の新しい考え方です。
　「ワクワクし」（A）ながら、「そのワクワクを、その子なりに表現している」（B）。そうして、AとBの主体性が二重に働いている。そんな姿が、まさにSくんの姿です。

奥行きに出会う

　「水」は、水鉄砲にもなるし、キラキラとプリズムにもなるし、飲み物にもなるし、プールにもなる。いろいろな表情と、様々な不思議をくりひろげてくれます。言い換えれば、水には「奥行き」がある。水の奥行きに出会ったとき、子どもたちのワクワクが湧き出ちゃう。Sくんの姿は、そんな姿でもあります。

02 友だちを追いかけて寒い外に出た0歳児

場面説明

　寒い日です。午後の時間、Dくんがテラスに出ました。それを見たCくん。テラスに出たDくん目がけて走っていきます。

　風邪をひいてほしくないので、ぼく（保育者）はKくんに上着を着せます。そして、何かあったらいやなので、しょうがなく外に出るぼく（保育者）。

　テラスの倉庫の前には水たまりができていました。水たまりに嬉々として寝転ぶKくん。しばらく「きゃっきゃ」「ニコニコ」な時間が流れます。

　しかし突然。そんな時間はぷつりと切れてしまいました。手と鼻先を真っ赤にしたKくんが泣き始めます。

　「寒かったね」。こくり（泣）

　「洋服も濡れちゃったね」。こくり（泣）

　「お部屋入ろうか」。こくり（泣）

　そうして手をつないで部屋に入ったKくん。手は冷たくて、しかし、涙を拭いた箇所は少し温かさが残っています。

KくんはDくんが大好きです。Dくんは一時保育の子ども
で、毎日来るわけじゃないので、この日は、「大好きなD
くんがテラスにいる！」「ぼくも行きたい！」「走って追
いかけよう！」みたいな感情がグワーッと湧いてきた。
その思いのまま、考える間もなくカラダが動いた、とい
うのが、この子にとって主体的な姿で、ここにキーワー
ドがあるのかなと思いました。

・湧いてきた思いの
まま
・考える間もなくカ
ラダが動く

まだ外で遊びたいけれど、手が冷たくて寒くて部屋に入り
たくて泣いている。泣いているのはマイナスの感情だけ
れども主体性を発揮していると思われます。やはり、ポ
ジティブな感情だけが主体性の要件ではなさそうですね。

・泣いている

私もそう思います。この場面を改めて見て、主体性には
2種類あるのかな？　と感じました。カラダに正直な主
体性と、いろいろ考えた上での主体性とがあるのでは。

・カラダに正直
・いろいろ考えた上
で

疑問
主体性には2種類あ
る？

p.68参照

ここで
ミニ・レクチャー

快は、やりすぎると不快になる

　どんなに好きな食べ物も、食べすぎるとおいしくなくなってくる。どんなに
楽しい水遊びも、徐々に寒くなってくる。楽しさよりも寒さが上まわってくる。
不快が快を上まわってくる。人間のカラダには、そうした快と不快を察知する
「内臓感覚」（三木成夫）が備わっています。
　子どもの中の「内臓感覚」（カラダの声）を信じて、ある程度は任せてみる。
そうしてカラダの声を聞けるようになった人間は、自分の違和感も大事にしな
がら、仲間との「倫理」をつくっていきます。

倫理：p.38参照

SCENE 03 泣きながら折り紙を折り続けた3歳児

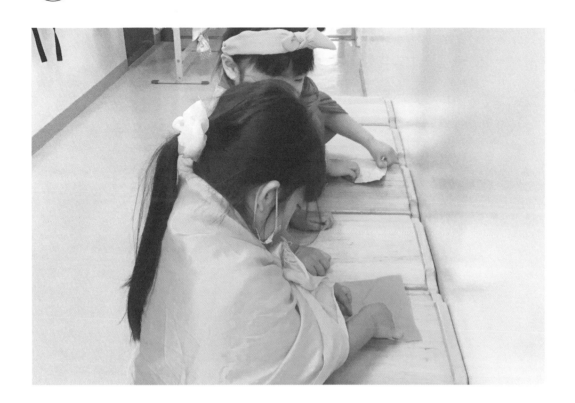

場面説明

　Iちゃんは折り紙のハートを作りたいと、廊下のテーブルに座って折り始めました。でも、思うように折れず、しばらくして泣き始めました。泣きながら、折り紙を折っては広げるのをくり返していました。

　一緒に折っていた友だちは、自己流のハートで「できた」と満足し、泣いているIちゃんに「やってあげようか」と声をかけました。でもIちゃんは、「いい、自分でやる」と答えました。自分で折ることにこだわりたいようでした。

DISCUSSION

私は、1枚の折り紙に向き合うIちゃんの姿が、主体性のあらわれだと思いました。やりたいことにとことん向き合う。できなくてもあきらめずにやり続ける。それが、私が考える主体性のキーワードです。

・やりたいことにと
　ことん向き合う
・あきらめずにやり
　続ける

できるまでずっとやり続けていたのですか？

泣きながらも1時間半ほどやり続けていました。それでもできないので、私から「年長さんにやり方を聞いてみようか」と提案してみました。するとIちゃんは受け入れて、年長の子どもが、Iちゃんが何度も折りなおしたぐちゃぐちゃな折り紙をきれいに広げ、ハートの形を作ってくれました。Iちゃんは満足そうな笑顔を見せました。

・泣きながら続ける
・笑顔を見せる

「泣きながら」や最後の「笑顔」といった感情のあらわれも主体性のキーワードといえるのではないでしょうか。

ここで
ミニ・レクチャー

たくさんの試行錯誤が「有能感」を育む

　自分のカラダを自分で動かせるようになってくると、自分の中に生まれた様々な感覚やアイデアを、自分のカラダを使って発揮します。思う存分、発揮します。

　最初は、どんどん、うまくいく。だけど、壁にぶち当たる。やりたいけれど、できない。そんな段階が来ます。

　子どもは信頼を土台にして、たくさんの試行錯誤をします。時間をかけて「やった！　できた！」の段階に至り、そうして、「安心感（基本的信頼）」とは別の「有能感」を獲得していきます。

有能感：p.54参照

主体性の二重の働き その1

主体性は2種類ある

　主体性のキーワード・フレーズを出してみると、主体性ってなんだろうという問いに対する答えが少し見えてくるでしょう。ここまでのDISCUSSION（63 〜 67ページ）であがった以下のキーワード・フレーズは、主体性をかなり言い当てています。

> やりたい・ワクワク・湧いてきた思いのまま・考える間もなくカラダが動く・泣いている・カラダに正直・いろいろ考えた上で・やりたいことにとことん向き合う・あきらめずにやり続ける・泣きながら続ける・笑顔を見せる

　ところで、SCENE 2のDISCUSSION（65ページ）で「主体性には2種類ある？」という疑問があがりました。「はじめに」でも書きましたが、これまでは主体性Bが、「主体性」だと考えられてきました。しかし、主体性Aという「新しい主体性」の考え方が登場しました。そうして「主体性Aと主体性Bとが同時に（連動して）働いているときが、もっとも主体的に生きているときだ」という「主体性の二重の働き」という考え方へと展開しつつあります。

主体性A	主体性B
自分の中に様々な欲求（感情）が湧き出ること。いろいろなカラダの声が出てくること。**選択肢が湧き出てくること。**	自分の中にある欲求（湧き上がってくるカラダの声、感情）を整理し、そこから「するかしないか」を自分で決めること。**選択肢の中から選ぶこと。**

　言葉だけ聞くと「新しい考え方が出てきたんだ」「なんかむずかしいな」と思うかもしれません。しかし、この考え方が大事にしている「子どもの姿」は、これまでも、保育者が日常的に大事にしてきた子どもの姿、そのものです。

　それは、SCENE 1のSくんのように、「ワクワクしながら（A）、そのワクワクを姿にあら

わしている（B)」という子どもの姿です。

　それを、「ココロが動いちゃうこと（A)」と「アタマを動かすこと（B)」と呼んだ保育者もいました。というわけで、呼び方をいくつか紹介します。自分にとっていちばんしっくりくる呼び方を使いながら、「新しい主体性」の考え方に親しんでいただければ十分です。

主体性A	主体性B
ココロが動いちゃうときの主体性 「動いちゃう」というのが感じが出ている	**アタマを動かすときの主体性** ココロからアタマへと伝わった「カラダの声」を整理し、「するかしないか」を選んでいる
感じる主体性 上の「ココロ」と「アタマ」を、「感じる」と「考える」に言い換えている	**考える主体性** 「ココロ」が「感じる」なら、「アタマ」は「考える」。だから、「考える主体性」
野性の主体性 湧き出てくる感覚やイメージには「ぶっとんだ」ものもたくさんある	**知性の主体性** 自分の中の「野性」の声を大事にしつつ、「知性」も借りて暮らしをつくっていく
マグマの主体性 感情がぐるぐる渦巻いているイメージ	**ジャングルの主体性** 感情が枝葉に分かれ絡み合っているイメージ

主体性AとBは連動している

　主体性Aは「生命（いのち）」が「生きている」イメージ、主体性Bは「生命」の活動が、無茶な活動にならないように調整しているイメージです。

　大事なのは、AとBが連動しながら、生命活動が進んでいくこと。実感としては、Aだけで生きていると「生命」が溢れすぎて疲れてくる、Bだけで生きていると調整が効きすぎて窮屈を感じ、しんどくなってきます。

　私たち大人も、こうした「二重の主体性の連動」を生きているのです。ライブ好きの保育者は、「ライブのときって、主体性Aが炸裂してる感じがする」と教えてくれました。みなさんはいかがでしょうか。ふだんは、主体性Bばかりがふくらみすぎて、「野性」や「マグマ」が欲求不満になっていませんか？

築山にのぼったけれど怖くておりられない3歳児

場面説明

　築山を見て「のぼりたい！」と思い、のぼり始めたFくん。しかし、上に到達すると「おりられない…」。保育者に助けを求めてきました。

　Fくん「助けて。おりられない」　保育者「手をつないでおりてみる？」

　途中までおりたが、Fくん「怖い」「砂場にみずき先生がいるから呼んでみよう！　みずきせんせーい」

　その声がかわいいくらいサイレントで届かない様子。

　Fくん「みずき先生、聞こえないみたい」「そうだ！　ここのタイヤからおりてみよう」

　無事おりることができました。

まず、園庭で遊んでいるときに築山を見て「のぼりたい」と思ったのは、主体性Aが発揮された場面だと思うんです。のぼったはいいけれど「おりられない」ことに気づいたとき、「おりられない」で終わらず、どうしようかを考えて保育者に助けを求めたのは、明らかに主体性Bですよね。
ただ、よくわからないのは、「のぼりたい」と思ったあとに「のぼる」という選択をしていて、これは主体性Bなのでは、と。これは、主体性AとBが連続して一つの行動になっていることなのでしょうか。

・助けを求める

主体性AとBが連続して1つの行動になっている？

ものごとに対する好奇心がまずあって、そこから「こうしてみよう」という行動の選択につながる。主体性AとBは明確に分けられるものでなく、延長線上にあるものなのかもしれませんね。

・好奇心
・行動の選択

主体性Aから主体性Bへとつながっていくものだとすると、主体性Aがなければ主体性Bは発揮できないということですよね。そう考えると、乳幼児期に主体性Aが湧き上がる環境をつくることが大切だと思いました。

主体性Aが湧き上がる環境って、たとえばどのようなものなのでしょう。

何かに興味をもったときに「やりたい」という気持ちが湧き上がると思うので、子どもの興味・関心を引き出すようなものをたくさん用意しておくとか？　たとえば、この場面で言えば「築山」にあたります。

「やりたい」というのは、経験に基づいた選択だと思うので、「やりたい」は主体性Bではないかと私は思いました。そして、「初めて」というのが、主体性Aのキーワードかな、と。たとえば大人でも、「富士山にのぼりたい」というのは、頂上からの景色が見たいとか、のぼりきったときの達成感が味わいたいとか、情報や経験があってこその「やりたい」ですよね。

たしかに、環境がただそこにあるだけでは「やりたい」にならない可能性もありますね。築山を見てものぼらない子どももいますし。
「初めて」の環境が「やりたい」に進化するためには、何かしらの働きかけが必要ということですよね。たとえば、友だちがやっていて楽しそうだ、とか。

それでも「やりたい」にならない臆病な子どももいますね。そういう子どもは主体性Aが弱いということなのでしょうか？

「怖い」と感じることも主体性Aなのでは？　その上で「しない」選択をしている。

たしかに。私たち大人はつい、ポジティブな行動のほうを評価しがちですが、そればかりが主体性ではないですね。

人がやっているのを見て、「のぼりたい」と思うのも、「見て楽しもう」と思うのも主体性。

子どもそれぞれ主体性の発揮の仕方が違う。いろいろな主体性のあらわれをキャッチすることが大事ですね。

ここでミニ・レクチャー

見通しはなくても、信頼がある

　Fくんと築山が出会ったとき、Fくんの中で「のぼりたい！」というマグマが湧き出てきます（主体性A）。そのマグマに従って、アタマとカラダを動かし、のぼります（主体性B）。しかし、おりられない。

　発火した「マグマ」の中には「のぼりたい！」のマグマが強くて、「のぼったらどうなるだろう」という「見通し」のマグマは弱かったみたいです（「見通し」が生まれるのは第二期）。

　しかし、それでいいのです。「見通し」のマグマ（第三期）が弱くても、のぼっちゃった後に「信頼」のマグマ（第一期）が湧き出てくればいいのです。

　DISCUSSIONでは、「主体性AとBが連続して1つの行動になっている？」という疑問が出ました。

　「湧き出ちゃうもの」（主体性A）と「で、どうするか」（主体性B）とは、連続というよりもはるかに混ざり合って（二重になって）、その瞬間の生命活動を生み出しています。

見通し：p.49参照

主体性の二重の働き その2

次の2枚の場面（写真）を見ながら、主体性AとBを整理してみましょう。

SCENE 05 当番決め。考えて手をあげる5歳児

Kくん

場面説明

保育者「おやつ当番やる人〜」

Kくん「はーい」（キョロキョロ）

希望者が多いのを見てとると、すぐにKくん「やっぱやめる。足洗い場当番にしよ〜」

保育者「おやつ当番じゃなくてよかったの？」

Kくん「ん〜。足洗い場当番でもいいか、って。けっこう早く終わるし」

保育者「おやつ当番だと、すぐ終わるんじゃなかったの？」

Kくん「（話し合いが）めんどくさいんだもん」

過去の経験と、今の自分の気持ちと、思い描く未来を考え合わせて、「希望者が少ない足洗い当番にしよう」と選択したKくんです。

自制も主体性（主体性B）

　まず、Kくんの「やりたい！」という**主体性がそのまま素直に発揮**されています。さらには、全体を見通したことで**抑制のきいた発揮に変化**しています。

　ここで注目したいのは、**「自由な選択（素直な発揮）」と「自制（自分で抑制、調整すること）」とが、二者択一ではなく、同時に働いている点**です。

　私たちは、「抑制・調整」は「素直な発揮」を邪魔するものだと考えがちです。それは間違いではないのですが、そのように考えた結果、子どもの素直な発揮や選択を尊重しようとして「抑制をしない」ことを選びがちです。たとえば、「おもちゃを出したままにすることも自由だ」と考えて、「出したらしまってほしい」を言わない場合があります。

　エリクソンは、**育ちにおいて大事なのは、欲望の発揮が、いろいろなものにぶつかって、葛藤すること**だと考えました。

　とはいえ、そのような葛藤は無理に体験させなくても、その子の中にしぜんに湧き出てきます。

　ここで心がけたいのは、抑制が自制に変わるのを待つこと。言い換えれば、保育者が抑制するのではなく、本人が自分で抑制し、調整することを大事にするということです。

　「主体性の二重の働き」のキーワードが「発揮」と「抑制」にありそうだとわかってきました。
　アタマで考えること（主体性B）が複雑になっていくからこそ、ココロで感じること（主体性A）の働きを大事にしたい。そして、アタマとココロが連動して（二重に）働くようにしたい。そのためには何が必要か。それが次のStep 2のテーマです。

主体性 Ａ・Ｂ が
二重に働く姿をとらえる

主体性にはＡとＢの２種類があるという学びをふまえ、主体性が二重に働くとはどのようなことかを、場面（写真）から考えてみます。

SCENE
06 「浦島太郎」の劇にチャレンジした5歳児

場面説明

　お泊まり保育で、保育者による「浦島太郎」の劇を見た年長組の子どもたちから、翌週、「浦島太郎をやりたい」との声。配役を自分たちで決め、保育者が使った道具を借り、足りないものは作って、配役を変えながらくり返し劇を再現していました。

　そのうち「お客さんを呼びたい」と、椅子を並べて客席を作り、年中組や年少組の子どもたちに見てもらうことを楽しんでいました。準備に時間がかかって「お客さん」を待たせてしまった際、一人の女の子が前に出て、手遊びを始めました。自分で考えて、自ら動いた姿に感心しました。

DISCUSSION

一人の「やりたい」が周囲に伝わり、みんなのやりたいになっていくところに、集団の主体性を感じました。5歳になると集団の主体性が出てくるんだな、と。キーワードは、集団の、「みんなでやりたい」、でしょうか。

・みんなでやりたい

「浦島太郎」の劇遊びは、クラス全員の活動になったのですか？

クラスの一部の子どもたちです。写真の子どもたちの後ろには、ままごとをやっている子どももいます。そのうちやりたくなって参加し始める子どももいました。

私は場をつないだ女の子の行動も主体性ではないだろうかと感じました。必要に迫られてというか、義務感みたいなものから行動していますよね。それも主体性なのだとしたら、主体性は必ずしも「楽しい」とか「ワクワクする」とか「好き」といったポジティブな感情からだけで生まれるものではなさそうです。

疑問
主体性は、ポジティブな感情からだけでなく、ネガティブな感情からも生まれる？

ここで
ミニ・レクチャー

ポジティブとネガティブは簡単には分けられない

　「楽しい」以外にも「やらなきゃ」という義務感など、様々な感覚が生じます。感覚は、「ポジティブ／ネガティブ」へと簡単には分けられないまま生まれてきます。それが主体性Aの働きです。そうして生じた様々な感覚がせめぎ合い、それらの感覚を自分なりに確かめながら、自分で決める。それが主体性Bの働きです。

　この場面の子どもたちは、自分たちでいろいろな意見を出し、自分たちで配役を決めている。楽しみ、ひびき合う。さらには、見てもらう。そうして、ひびき合いをひろげています。保育者が、その子のペース（間）を大事にしている点がすてきです。

自主的に夏野菜の水やりを行った5歳児

場面説明

　「ピザを作るんだ！」と期待を込めて、子どもたちは夏野菜の水やりに励んでいます。ふだんは自分のやりたいことを見つけて、ピューッと遊びに消えてしまう子どもたちが、夕方の園庭遊びの時間は、保育者が声かけをしなくても自分からじょうろを持ってきます。

　ある子どもが、「じょうろに水を入れるの、大変」と困っていたら、「おれが入れてやるよ！」とIくんがホースを持ってさっそうと登場。協力し合いながら子どもたちだけで、大切なトマトやピーマンに水をあげることができました。

DISCUSSION

昨年度の年長組が同じように夏野菜を育てていたのを見ていた時間と経験の蓄積があったので、保育者からの発信がなくても、自分たちで取り組んでいます。夏野菜を育てたいという気持ち、協力し合いながら進める姿に主体性Bを感じます。

水やりそのものをやりたいというより、水やりによって夏野菜が育ち、育てた野菜でピザが作りたいという、期待を込めて何かに取り組むという主体性。主体性Bの中でも高度というか、複雑さが増しているような気がしますね。

さっそうと登場したIくんの主体性にも注目しています。「おれが入れてやるよ！」というのは、友だちを助けたいという主体性Aだけでなく、友だちから頼りにされたい、かっこいいところを見せたいという主体性Bも含まれているような気がします。

一つの行動の中に主体性AとBの両方が含まれているのかもしれない。だとすると、それは二面性なのか、段階を踏んだ二層性なのか、それとも主体性Aが20％で主体性Bが80％みたいな濃淡なのでしょうか。

ここで
ミニ・レクチャー

主体性AとBが二重に働く場面

　昨年度の年長組の姿を見て憧れ、火がついて（マグマが湧いて）、そのマグマが時間を超えて、発揮された場面です。ココロのマグマが、イメージの力を借りて、保たれる。ココロとアタマが、重なり合って働いている。そんな姿です。
　主体性Bの力を借りて、主体性AとBが二重に働く。まさにその一幕です。

08 「手伝って」と言う保育者の声かけに応じる5歳児

場面説明

　自由遊びの時間、1歳児クラスに遊びにやってきた5歳児。一緒に遊んでいると、1歳児が着替えを始める時間になりました。保育者が5歳児に「手伝ってくれる？」と声をかけると、うなづき、着替えの手伝いを始めました。

DISCUSSION

保育者が「手伝ってくれる？」と提示した行動に応じるという選択をしています。「手伝うか手伝わないか」の選択をして行動に移しているので主体性Bかな、と思いました。

**主体性の
キーワード・フレーズ**

・選択をして行動

自分の中にある欲求からの行動ではなくても、そこに主体性があるとしたら、逆に主体性がないのはどういう場面なのでしょうね。

運動会などの行事では、できるだけ子どもの主体性を尊重し、子どもに種目を決めさせていますが、運動会に向けての練習は、保育者の決めたスケジュールで行っています。そう考えると、運動会などの行事において子どもの主体性はないのかな、と思うことがあります。

行事や練習に「参加する・しない」のところに主体性は発揮されないけれど、大人が決めた枠の中でも主体性を発揮する場面はあるのではないでしょうか。ただ、そのためには主体性を支える環境が必要だと思いますが。

ここで
ミニ・レクチャー

主体性の逆は「客観性」

　たとえば、保育者の提示になんでも「いや」という３歳児を前にして、「かわいいな」とか「困ったな」とか「愛おしいけれども、ちょっとしんどい」とか、ポジティブもネガティブも一緒くたになった感覚が湧き上がってくる。この感情が湧き出てくることが、すでに「主体性A」を生きているといえます。

　逆に「この子は３歳児だから、そろそろイヤイヤ期が終わる時期だな」などと、教科書的な理解をしようとするのが「客観性」です。客観的にものを見られるというのはほめ言葉でもありますが、そこに自分のココロが伴っておらず、観察的な心理しか働いていないともいえます。

　さて、行事において、子どもの主体性はないの？　という疑問。大事なのは、子どものココロが動いちゃうことと、いろいろな選択肢が湧き出ちゃうことです。保育者が呼びかけた行事だとしても、その場で湧き出てきた選択肢を活かしながら、場をつくっていけば、十分主体的な活動になると思います。しかし、予測不可能で、計画を超えた「場」になることは覚悟して。

主体性の二重の働き その3

主体性Bの育ちと共に、抑制が複雑になる

主体性の二重の働きのキーワードは、「発揮」と「抑制」です。

子どもは「やりたい！」「やりたくない」「なんかいい」「なんかやだ」という様々な感覚（主体性Aの働きから生まれてきた感覚）を、自分で抑制・調整しながら発揮できるようになっていきます。抑制を効かせた発揮。これが主体性Bの育ちです。

抑制には、「承認欲求」「順番」「役割分担」「約束」などが絡み合います。アタマで考えることが複雑になっていきます。主体性Bの育ちと共に、抑制が複雑になっていくということです。

だからこそ、主体性Aの育ち（野性の育ち、カラダとココロの育ち）の部分も大事にしたい。そして、主体性Aと主体性Bが二重に働くような「主体性の二重の働き」を活かしたい。そのためには、どのような環境や関わりが必要なのか。その点が、次のStep3のテーマです。

抑制しすぎず、ココロも大事に発揮するには？　次のStep 3でひも解いていきます。

場に生まれる主体性

主体性は個体だけのものではない

　場が盛り上がっている場面があります。そのとき、場を盛り上げている人がいない場合もあります。主体性を個体だけのものと考えるとこの状況の主体が何か説明がつかず、場そのものが盛り上がっているとしかいいようがありません。

　たとえば、ライブ会場などがそうです。ステージでパフォーマーが盛り上げているといえなくもないけれど、それは観客がいてこそ。パフォーマーと観客が一緒になってその場をつくっていくとしか考えられません。

　保育者と子どもがつくる場も同じです。保育者が盛り上げようとしても盛り上がらない場合があり、特に盛り上げようとしなくても気がついたら盛り上がっている場合もあります。

　この場合、主体性とは個体の中で働くものではなく、「場」を主体にして働くものなのです。これが「主体性A」の考え方です。ちなみに「主体性A」は「関係的な場としての主体性」（オルソン）ともいわれます。

保育では、場の主体性を感じる場面が多くある

　私たち大人は、個を前提として主体性を把握するくせがついています。たとえば、研修会などの大人数の場では、今、マイクを持って話をしている講師の中に主体性がある、質問をしている人の中に主体性があるといったように、個を意識してとらえてしまいます。

　一方、保育の場では、場としての主体性を感じる場面がたくさんあります。

　たとえば、子どもたちが虫探しで盛り上がっている場面をイメージしてみてください。子ども、保育者、虫、それに草木、日差し、風などあらゆるものが盛り上がりの場をつくりあげています。言ってみれば、盛り上がりがその場に到来しているのです。

主体性が発揮される環境を考える

Step 3

子どもが主体性を発揮するためには、どのような環境が必要なのでしょうか。主体性を感じた場面から考察していきます。

SCENE 09 泥のぬり合いで楽しさを共有する2歳児

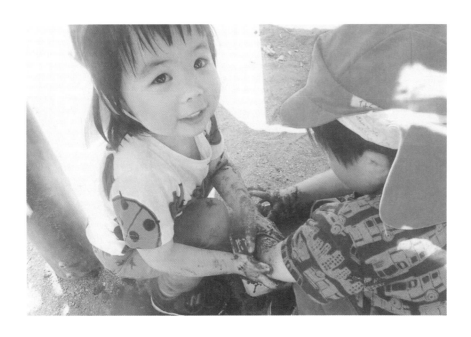

> **場面説明**

　園庭遊びで、アスレチック遊具の下に小さくなって座るMちゃんとKくん。何をしているのかのぞいてみると、二人で互いの腕に泥をぬりぬり。
　「Kくん、気持ちいいね〜」とMちゃん。
　Mちゃんは保育者に気づくと、「先生、楽しいことしてるんだ」と笑顔を向けました。
　ひんやりした泥を友だちの腕にぬり合い、感触のおもしろさを共有する姿がありました。

DISCUSSION

この場面で泥をぬり始めたのはMちゃんです。泥で遊んでいるうちに主体性Aが湧き上がって、Kくんの腕に泥をぬってみたくなったのだと思います。

「楽しいことしてるんだ」という言葉からも、Mちゃんが、自分の「やりたい！」を存分に発揮していることがわかりますね。

Kくんもそこで楽しく泥で遊んでいたので、「泥で遊びたい」という主体性Aはあったと思うのです。でも、腕に泥をぬられるということについての主体性はどうなのかな。泥をぬられることを積極的に受け入れているという時点で、これも主体性なのでしょうか？

能動的に行動しているMちゃんと受動的な立場であるKくんの主体性は同じなのか、それとも違うのか。わからなくなってきました。

・「やりたい」を発揮

疑問
MちゃんとKくんの
主体性は同じなの
か？

ここで
ミニ・レクチャー

二人一緒になって主体性Aを働かせている

　この場面についていえば、MちゃんとKくんは二人で一つの場をつくりだしています。

　たとえば、MちゃんはKくんでなければ泥をぬらなかったかもしれません。仲がよい、大好きなKくんだからこそ、泥をぬった。泥のぬり合いは、二人の関係性から生まれたものでしょう。

　つまり、MちゃんとKくんは、個体を超えて、二人一緒になって主体性Aを働かせているのです。

場面説明

　のぼり棒に下がっている吊り輪にぶら下がろうと思ったEちゃん。手が届かないので、タイヤを踏み台にしようと考え、タイヤを転がして運び始めました。高さが足りず手が届かないのでもう1つタイヤが必要だと考え、またタイヤを運んできて重ねようとしました。でも、タイヤが重くてなかなか持ち上がりません。その様子を見たJくんが、一緒にタイヤを持ち上げました。

DISCUSSION

**主体性の
キーワード・フレーズ**

この場面には主体性AとBの両方が含まれていると思いました。「吊り輪につかまりたい」という、本能的に湧き上がる気持ちが主体性A。そのためにはどうしたらいいだろうと考え、試行錯誤しながら目的を達成する方法を選択する姿が主体性B。

・本能的に湧き上がる気持ち
・目的を達成する方法を選択する

今まで友だちや年上の子どもが吊り輪につかまる姿や、ほかの経験から得たたくさんの情報を整理して、自分の行動を選択した姿で、まさに主体性Bですね。

最初、Jくんが一緒にタイヤを運ぼうと手を伸ばしたのですが、Eちゃんは「タイヤを取られる」と思ったようで、いやがるそぶりを見せました。タイヤを重ねるときは、素直にJくんの厚意を受け入れていました。最初にJくんをはねのけたのは、タイヤを取られるかもしれない＝自分の「やりたい気持ち」を侵害されるかもしれないという拒否反応ですよね。ここには主体性Aがあらわれていると感じました。

私は、JくんとのやりとりでEちゃんの主体性Bの育ちに目が向きました。最初、JくんをはねのけたときのEちゃんは、Jくんのことを信頼していなかった。それが、しばらく過ごすうちに、Jくんはタイヤを取ろうとしているのではない、協力しようとしているのだと気づき、Jくんを信頼する気持ちが生まれた。それで、次は素直に受け入れた。時間の経過によって、主体性Aから主体性Bに移行したのだなと思いました。

ここで
ミニ・レクチャー

タイヤがもつ様々な可能性が引き出されている

　タイヤを「踏み台」にするというセンス（アイデア）がいいですね。「正しい使い方（やり方）」よりも「その子なりの使い方（やり方）」がふだんから大切にされているのだと思います。

　「ありあわせの道具材料を用いて自分の手でものを作ること」を「ブリコラージュ」と呼びますが、この場面で子どもたちが見せてくれたのが、まさにブリコラージュの姿です。

SCENE ⑪ 子どもも保育者も 心が一つに溶け合った夏祭り(5歳児)

場面説明

　夏祭り。年長児クラスの子どもたちが神輿(みこし)を担ぐ。「かっこよく担ぐ」にこだわりながら準備してきて、いざ本番。「えいさ！　えいさ！」と声をあげながら神輿を担いでまわって最後、神輿を奉納する寺の階段の前で、子どもたちのエネルギーは最高潮に達していました。と同時に、保育者自身も今までにないほどに興奮していました。「一緒にいたい」「一緒にいて心地いい」その場にいる全員がそう感じていると思いました。みんなの心が一つに溶け合っている気がしました。

DISCUSSION

この日、言葉で言い表せないような高揚感が私の中にあり、子どもたちの中にも同じ気持ちがあるように思いました。
神輿を奉納した後、園に戻り、１人１本ずつリンゴジュースをもらったんです。そのとき、だれからともなく「みんながそろうのを待ってから飲もうよ」という声があがりました。それで「一緒にいたい」という気持ちをみんなが共有しているような気がしたんです。

薄暗さとか、そこに灯るあかりとか、わーっとたくさん人がいる感じとか、その場にいてこそ感じるものはありそうですね。

これが「場に生まれる主体性」かなと。

まさにそれですね。高揚感がその場に「到来」した。

「到来」を共有できるのは、年長児ならでは、ですね。３歳児だとむずかしいと思います。

確かにそうですね。時間の積み重ねも必要ですよね。それまで一緒に練習してきた仲間同士だからこそ、最後の最後で、ワーッと雰囲気が盛り上がるんですよね。

主体性の キーワード・フレーズ

・「一緒にいたい」気持ちをみんなが共有

・場に生まれる主体性

p.83参照

はい、当日だけでは無理だと思います。大人だと、たとえば「同じアーティストが好き」という情報だけでも盛り上がれますが。

「到来」そのものは人間がコントロールできるものではないけれど、いかに「到来」を招き寄せるかは保育者にかかっているかもしれないですね。

確かに、大人がまったく興味を示さなかったら、子どもも興味を示さないような気がします。たとえば大雨を「いやだな」ではなく、楽しみもあるととらえる視野の広さが保育者には求められていると感じました。

雨についていえば、雨が降っているから外で遊ばないというのは、社会性の育ちですよね。親に言われてとか、集団の同調圧力みたいなものがあって「雨の日は外で遊ばないものだ」という感覚が身についていきます。そう考えると、主体性Aは、社会性の育ちと共に発揮しにくくなっていくような気がしますが、どうなのでしょう？

社会性が主体性Aを押さえつけるとしたら、社会性をあまり早く身につけすぎるのは問題かも。主体性Aを存分に発揮して「生きるって楽しい」とか「生きててよかった」と十分に感じてから、社会性を身につけるのがいいのではと思い始めてきました。乳幼児期に主体性Aが大切だということが腑に落ちてきました。

ここで
ミニ・レクチャー

5歳ならではの野性（主体性A）が見える

　本物の道具を使いこなすカラダ。「かっこよさ」がふくらませるイマジネーション。「わっしょいわっしょい」が生み出す原始的なリズム。

　そのすべてによって、「マグマが湧き出ちゃう」。まさに、野性（主体性A）。

　しかし、それは乳児とは違う野性です。5歳ならではの野性とでもいうものです。道具を使いこなすカラダがあり、リズムを発揮するカラダがあり、そこから飛び跳ねるイマジネーションがあります。そうして炸裂する野性です。

　5歳になれば、「周囲からの視線」や、仲間とつくった「約束」「順番」「役割」によって、野性が抑制されることも増えてきます。それは主体性Bの育ちです。そのような中で、抑制に押され気味だった「発揮」が、再び存在感を取り戻す。この場面に描かれているのは、そんな人間の姿です。

野性：p.92参照

主体性の二重の働き　その4

子どもの野性を取り戻す

　主体性Bが複雑になっていく中で、「抑制・調整」が効きすぎることがあります。いわば、子どもが「いい子」になりすぎた状態です。

　「発揮」と「抑制」を二重に働かせるためには、まず、子どもが十分に「やりたい！」を発揮できるようにする必要があります。「発揮」と「抑制」のバランスをとるために、改めて、子どもの主体性Aを強めていく、つまり子どもの野性を取り戻すことが大切です。

　では、子どもが野性を取り戻すにはどうしたらよいのでしょう。次のSCENEを見てみましょう。

SCENE 12　流れてきた水でダイナミックに遊び始めた0歳児

場面説明

　園庭での水遊び。座っていたＦちゃんのところに、近くの水遊びの水が流れてきました。お尻の下までひろがってきた水に気づくと、はじめは不思議そうに手を浸してみたり、かき混ぜてみたり、すくってみたり……。だんだんと動きがダイナミックになってきて、泥を足にぬったり、玩具にかけたりなど、興味のままに夢中で水と触れ合っていました。

人間を超えたものの力を借りる

　子どもが野性を取り戻すためには、水や土、山、虫など、人間を超えたものの力を借りることです。

　子どもは、それらに吸い込まれ、飲み込まれ、包み込まれ、入り込み、そして、遊び込みます。そして、野性を取り戻します。

　このSCENE12は泥が野性に火をつけた事例といえます。

　泥の感触（手触り）が、子どものマグマに火をつけました。

　手のひらからあふれ出す泥。そうして、様々な姿をくりひろげる泥。その奥行きをさらけ出す泥。

　子どもは、そうして泥の世界に吸い込まれていきます。

　その感触は、「気持ちいいけれど、気持ち悪い」という快と不快がないまぜになったもの。「なんかいい」と「なんかやだ」が混ざり合ったもの。その混ざり合いの中にこそ、「内臓感覚」の育ちがあり、「倫理」（38ページ参照）の根があります。

　もう１場面、見てみましょう。次のSCENE13は、虫が子どものマグマに火をつけた事例です。

一人の希望で始めた幼虫の飼育が
クラスにひろがった（4歳児）

場面説明

昆虫に興味がある年中の子どもたちで、毎日のようにダンゴムシや幼虫を探しています。ある日、幼稚園で年少さんが植えていたサラダミックスに集まる幼虫（モンシロチョウ）を見つけました。

「観察したい」と言うので、虫かごを渡しました。まわりの子どもたちは見ているだけでしたが、Ｔくんは虫かごの中にエサがないことに気づきました。「エサがないと死んじゃうから、エサを入れたい」と言っていたので、保育者は何も言わず見守っていました。

すると子どもたちは、落ち葉や緑色の葉っぱを入れましたが、いっこうに食べる気配がありませんでした。これでは死んでしまうと考えたＴくんは「年少さんの葉っぱ（サラダミックス）がほしいなあ」とつぶやきました。保育者が「年少組の先生に聞いてみたら？」と声をかけると、Ｔくんは年少組の先生のもとへ相談に行き、サラダミックスをもらうことができました。

虫が、子どもの「野性」に火をつけ、
飼育を通して、「信頼」「見通し」が生まれる

　虫が、子どもたちの「野性」に火をつける。虫と暮らす。虫の身になって考える。そして、着火していた「種火」が、ときを超えて発火する。

　年少組の先生にお願いをする。そこに働いている「信頼」。幼虫が増えて、エサが足りなくなる。工夫を一緒にする中で、信頼がさらに深くなる。そして、うつろいに身を置くことで、「見通し」が生まれている。これはまさに第三期の育ち。

　見通して、工夫する。そうした暮らしの中で、「うつろうものを楽しむ」。そんな人へと育っていく姿です。

野性は、自然の力と出会い、
工夫し、楽しむ中で、発火する

　子どもが、水、土、山、虫など人間を超えたものと出会うとき、保育者にできることはなんでしょうか。

　自然のままに逃げていくカエルを追いかけるのと、捕まえられたカゴの中のカエルを観察するのとでは、盛り上がりが違います。

　逃げていくものを捕まえようとするときに、人は一緒になって工夫をします。苦労を共有し、工夫を共有するときに、人間関係は深まっていきます。さらには、様々なアイデアを出し合い、それを実現しようと必死になるときに、その場は盛り上がっていきます。

　そのとき、必死になって逃げていくカエルは、重要な遊びのメンバーです。保育者にできるのは「逃げていくものを逃げていくままに」しておくこと。そして、「一緒に工夫する」こと。ハプニングをおもしろがりながら！

NOTE

課題への回答や、気づきを記入しましょう。

第**3**章

子どもの姿から
主体性と発達をとらえる

学びのまとめとして、課題に取り組んでみましょう。

事例の中から主体性の姿をピックアップし、

それを手掛かりに発達段階をとらえます。

ここでは、勉強会参加者の回答を紹介します。

課題の取り組み方

事例を読んで、それぞれ次の課題に取り組みましょう。

〈事例1〉（p.99 〜）

❶ この箇所が、YとNを理解するポイントではないか、という箇所に、アンダーラインを引いてください。正解はありません。3箇所引いてみましょう。

❷ ①のアンダーラインを手掛かりに、YとNを理解してください。自由な読み取りで構いません。その際、本書で学んだ「第一期」「第二期」「第三期」などの用語を使ってみましょう。

〈事例2〉（p.104 〜）

❸ この箇所が「第二期の主体性の姿ではないか」という箇所に、アンダーラインを引いてください。正解はありません。3箇所引いてみましょう。

❹ ③のアンダーラインを手掛かりにMを理解してください。

事例1

〈4歳児クラス・1月〉

　共用のハサミを取り合って、YとNがけんかになった。理由を聞くと、Yは使っていないハサミを持って遊ぶNが気に入らなかった。一方、Nは、お花やさんごっこのためにハサミを持っておきたかったらしい。Yが「ちょっとでいいから貸して！」と言っても、Nは「いや」と言い続けた。保育者は、ハサミをもう一つ出そうかな、と思っていた。しかし、怒ったYは、腹いせにNの座布団にマジックで落書きをしてしまった。

　この日の帰りの会で、クラスのみんなに話を聞くことにした。2人のようなトラブルはどの子どもにも心あたりがあるようで、みんな耳を澄まして聞いている。保育者が「Yくんの気持ちはわかる。でも、お家の人が用意してくれた座布団に、マジックで書いちゃったんだよ。どう思う？」と投げかける。即座に「絶対にいけないことだと思う」とう意見が飛び交った。また、みんなをにらみつけるYを見て、だれかが「そんなんじゃ小さい組に行ったほうがいいんじゃないの」と言った。保育者が「そう？　そのほうがいいって思ってるのかな？」と聞くと、一人の子どもが小さな声で「でも、やっぱり許してあげたほうがいいと思う。Yくんかわいそうだよ」と言うと、Yの表情がくずれて泣き出した。クラス中シーンと静かになった。

それぞれで課題に取り組んでから、次のページに進みましょう。
様々なとらえがあり、正解はありません。

勉強会参加者の回答

課題①の回答（アンダーライン）

共用のハサミを取り合って、YとNがけんかになった。理由を聞くと、Yは使っていないハサミを持って遊ぶNが気に入らなかった。一方、①Nは、お花やさんごっこのためにハサミを持っておきたかったらしい。②Yが「ちょっとでいいから貸して！」と言っても、Nは「いや」と言い続けた。保育者は、ハサミをもう一つ出そうかな、と思っていた。しかし、怒ったYは、③腹いせにNの座布団にマジックで落書きをしてしまった。

この日の帰りの会で、クラスのみんなに話を聞くことにした。2人のようなトラブルはどの子どもにも心あたりがあるようで、みんな耳を澄まして聞いている。保育者が「Yくんの気持ちはわかる。でも、お家の人が用意してくれた座布団に、マジックで書いちゃったんだよ。どう思う？」と投げかける。即座に「絶対にいけないことだと思う」という意見が飛び交った。また、みんなをにらみつけるYを見て、だれかが「そんなんじゃ小さい組に行ったほうがいいんじゃないの」と言った。保育者が「そう？　そのほうがいいって思ってるのかな？」と聞くと、④一人の子どもが小さな声で「でも、やっぱり許してあげたほうがいいと思う。Yくんかわいそうだよ」と言うと、⑤Yの表情がくずれて泣き出した。クラス中シーンと静かになった。

課題②の回答（一部）

①Nは、お花やさんごっこのためにハサミを持っておきたかったらしい

何かをイメージして行動する主体性の姿があり、「第三期」。

Nは見通しがつけられる「第三期」を生きている。一方、Yは使っていないハサミを持って遊ぶNが気に入らなかったとあり、感情的で「第一期」か「第二期」。

②Yが「ちょっとでいいから貸して!」と言っても、Nは「いや」と言い続けた

Yが自分の欲望を発揮して、自ら行動に移していて、自己決定をする「第二期」らしい姿。

Yは自分の欲望をありのままに発揮しているが、「ちょっとでいいから」という言葉に、自分がハサミを使いたい気持ちと、奪ってしまっては相手も困るだろうと相手の気持ちにも配慮する気持ちのあらわれが見られる。自分の思いを抑制しながら発揮しているというのは「第二期」。

Nに「Yに貸したら返ってこない」という不信があるのでは。NとYの関係性においては「第一期」。

③腹いせにNの座布団にマジックで落書きをしてしまった

Yは自分の思いどおりにならなかった怒りをNにぶつけず、座布団に落書きをするという行動に出た。ここからYは、人に乱暴すると相手が痛いということを知っている。自分の経験からカラダでそのことを知っている。それで、自己決定の気持ちと人を殴ってはいけないという気持ちがせめぎ合った結果の折衷案が、Nの座布団への落書きだったのでは。これは「第二期」。

④一人の子どもが小さな声で「でも、やっぱり許してあげたほうがいいと思う。Yくんかわいそうだよ」と言う

仲間内で起こったできごとにどう決着をつけるかは自分たちで決めるという、「第二期」らしい姿がクラスの中にあるのだと思いました。

⑤Yの表情がくずれて泣き出した

本心では自分もまずいことをしたとわかっているのだけれど素直になれない、周囲の期待に応えられないことに対する葛藤が感じられて、「第二期」の姿。

自分もハサミを使いたいのに使えない悔しさから、自分の意思で「腹いせにNの座布団にマジックで落書きをする」という行為を選んだものの、実は後悔もしていて「第二期」。泣き出したのは、引くに引けない葛藤がある中で、自分に寄り添ってくれる友だちの言葉に安心感を覚えたのでは。

やってはいけないことだとわかっていたけれどもやらざるを得なかった、そういう自分の情けないところが視線にさらされることで「恥」の感覚を刺激された。「第二期」の姿。

自分の中に湧き上がった感覚を友だちに認めてもらえて気持ちがほぐれた、それで涙が出てきたということなのではないか。「第一期」では。

NとYは「第三期の人間関係」をつくれるはず。
しかし、その力が発揮されていない

　いくつかのポイントがあります。

　一つは、①Nはお花やさんのイメージを豊かにもっているということ。そして、おそらく、Yもイメージをもって遊びの世界をつくっているということ。「イメージをもって世界をつくる」というのは第三期の姿です。それは「見通し」をもつという姿ともつながります。ここからわかるのは、YとNは「順番をつくって、一緒に使う」ということができるはずだということ。言い換えれば、第三期の人間関係をつくれるはずなのです。しかし、その力が発揮されていません。

　理由は、②Nは「いや」と言い続けたところにあります。それが二つめのポイントです。「いやと言い続けた」のは「貸したら返ってこない」という不信が、「貸しても返ってくる」という信頼を上まわっているからです。これは、基本的信頼の関係（第一期の人間関係）ができていないということです。

「第一期の人間関係を育てる」が保育方針になる

　事実をもち寄ったことで、「YとNは、それぞれ第三期の関係をつくる力をもっている。しかし、第一期の人間関係ができていないから、第三期の人間関係まで至らない」という子ども理解ができます。

　ここから、「YとNの間に、第一期の人間関係を育てる」という「保育方針」が定まります。

　最後に「どうやって、第一期の人間関係を育てよう」という点について、「こうしてみたら」のアイデア出しをして（これも盛り上がるのですが）、「保育方針」を立てます。

〈4歳児クラス・4～9月〉

　Mは、手先が器用で、折り紙をしたり、スズランテープ3本で三つ編みを作ったりして遊ぶことが好き。しかし、クラスで製作をしようとすると、きまって「やりたくない」と床に座り込む。保育者が「どうしてやりたくないなと思った？」と聞いてもYが理由を話すことはなく、保育者は「もし、やっぱりやりたいなと思ったら言ってね」と声をかけていた。

　ある日の製作の時間、Mは保育者の近くに来て、ほかの子どもが作る様子をじっと見ていた。保育者が「Mちゃんもやってみる？」と聞くと「やだ」と答えてその場を離れるが、また近くに来てじっと見ていた。

　Mは、「花紙のちぎり貼り」に関しては、参観日に保護者と一緒に作ったときや、誕生月の子どもへのプレゼントを作るときに普通に参加することができた。それ以外の製作（特に自由画や絵の具）はいやがり、いつも近くで見ていた。

　Mの保護者に家での様子を聞いてみると、クラスでその日やった製作の話を家ですることがたまにあり、それと同じようなものを一緒に作ることがあるとのことだった。

　2学期の9月。「敬老の日」に向けて祖父母にプレゼントを作ることになり、1人ずつ絵の具手形をしていた。昨年度のMは、補助保育者と

一緒に製作に参加していたが、絵の具手形だけは最後までいやがり、クレヨンで手形をなぞったという。今回もいやかもしれないと思い、保育者ははじめ、Mに声をかけずにいた。

Mはみんなが絵の具手形をしている近くまで来て様子を見ている。「うーん私は、茶色にする！」「押さえて、せーの１，２，３，４…」などと言いながら何人かが手形を押す様子を見た後、ふとYが「茶色と黄緑にする」と言った。保育者は「オッケー！　じゃめMちゃんは１個ずつ違う色にしてみようか」と答え、そのまま手に絵の具をぬり、一緒に手形を押した。

〈Mについて補足〉

・折り紙とスズランテープの三つ編みは昨年度から好きな遊びで、上達しながら今も続けている。

・１学期（夏休み前まで）は１人で黙々と折り紙を折る、または親しみのある保育者と一緒に作る姿がほとんどだったが、２学期（夏休み後）は保育者がいない場面でも、友だちの隣に座って作業をする姿が見られるようになった。

・１学期は「見ないで」とこっそり折り紙をしていたが、２学期は折る過程や作ったものを自分から見せてくれるようになった。

・敬老のプレゼントは、父方と母方へ送る家庭は２つ作っていた。

・Mはみんなで歌うとき、だれよりも大きな声で歌う一方で、踊りは全くやらない。

それぞれで課題に取り組んでから、次のページに進みましょう。
様々なとらえがあり、正解はありません。

勉強会参加者の回答

課題③の回答（アンダーライン）

M は、手先が器用で、折り紙をしたり、スズランテープ 3 本で三つ編みを作ったりして遊ぶことが好き。しかし、❶クラスで製作をしようとすると、きまって「やりたくない」と床に座り込む。保育者が「どうしてやりたくないなと思った？」と聞いても Y が理由を話すことはなく、保育者は「もし、やっぱりやりたいなと思ったら言ってね」と声をかけていた。

ある日の製作の時間、❷M は保育者の近くに来て、ほかの子どもが作る様子をじっと見ていた。保育者が「M ちゃんもやってみる？」と聞くと「やだ」と答えてその場を離れるが、また近くに来てじっと見ていた。
M は、「花紙のちぎり貼り」に関しては、参観日に保護者と一緒に作ったときや、誕生月の子どもへのプレゼントを作るときに普通に参加することができた。それ以外の製作（特に自由画や絵の具）はいやがり、いつも近くで見ていた。
M の保護者に家での様子を聞いてみると、❸クラスでその日やった製作の話を家ですることがたまにあり、それと同じようなものを一緒に作ることがあるとのことだった。

2 学期の 9 月。「敬老の日」に向けて祖父母にプレゼントを作ることになり、1 人ずつ絵の具手形をしていた。昨年度の M は、補助保育者と一緒に製作に参加していたが、絵の具手形だけは最後までいやがり、ク

レヨンで手形をなぞったという。今回もいやかもしれないと思い、保育者ははじめ、Mに声をかけずにいた。

　Mはみんなが絵の具手形をしている近くまで来て様子を見ている。「うーん私は、茶色にする！」「押さえて、せーの1，2，3，4…」などと言いながら何人かが手形を押す様子を見た後、④ふとMが「茶色と黄緑にする」と言った。保育者は「オッケー！　じゃあYちゃんは1個ずつ違う色にしてみようか」と答え、そのまま手に絵の具をぬり、一緒に手形を押した。

〈Mについて補足〉

・折り紙とスズランテープの三つ編みは昨年度から好きな遊びで、上達しながら今も続けている。

・1学期（夏休み前まで）は1人で黙々と折り紙を折る、または親しみのある保育者と一緒に作る姿がほとんどだったが、2学期（夏休み後）は保育者がいない場面でも、友だちの隣に座って作業をする姿が見られるようになった。

・⑤1学期は「見ないで」とこっそり折り紙をしていたが、2学期は折る過程や作ったものを自分から見せてくれるようになった。

・敬老のプレゼントは、父方と母方へ送る家庭は2つ作っていた。

・Mはみんなで歌うとき、だれよりも大きな声で歌う一方で、踊りは全くやらない。

課題④の回答（一部）

①クラスで製作をしようとすると、きまって「やりたくない」と床に座り込む

折り紙やスズランテープを使った三つ編みなどは好きなのにクラスで製作をするのをいやがる姿に、完成形のビジョンが見えにくいもの、自由度が高いものに対する自信のなさが見えます。失敗したらどうしよう、もしできなかったどうしようという不安が強い子どもなのかな。

一般的に、年中組くらいから、他者から見た自分を意識するようになると感じています。失敗するのがいやだというより、失敗するのを友だちに知られるのがいやだ、恥ずかしいという気持ち。Mちゃんもその段階に入っていると思いました。

②Mは保育者の近くに来て、ほかの子どもが作る様子をじっと見ていた

ほかの子どもが作る様子を見て、自分の中で十分に理解してからやりたいという気持ちがあると思いました。

③クラスでその日やった製作の話を家ですることがたまにあり、それと同じようなものを一緒に作ることがある

家が安心できる環境で、お母さんやお父さんなら失敗しても見放されないということをわかっている。これは、第一期を土台に、第二期に進んでいる姿だと思います。一方、園の人間関係はまだ第一期。

④ふとMが「茶色と黄緑にする」と言った

去年はできなくて悔しかった気持ちがあり、去年と今年と2年分の「見た」経験の蓄積から自信が生まれて、チャレンジしてみたくなったのでは。

保護者によれば、園でやった製作を家でやってみる姿があるようです。家でやってみて、家族にほめてもらって、自信がついたので「やってみたい」と思えたのかも。

失敗したらどうしようという不安がある中で勇気を振り絞って、この言葉を言えたのかと思いました。ここで保育者が軽く「オッケー」と返せるのがすごいですね。私ならうれしくて、おおげさに反応してしまいそう。

④1学期は「見ないで」とこっそり折り紙をしていたが、
　2学期は折る過程や作ったものを自分から見せてくれるようになった

こっそり作ったものを「すごいね」と認められる経験を通して、家でお父さんやお母さんに見せているのと同じような安心感をクラスでも感じることができるようになったのでは。

この子が安心できる世界が少しずつひろがっていることを感じました。

ここで
ミニ・レクチャー

Mは、「やりたい」を発揮しながらも「不安」や「恥ずかしい」で抑制している

この事例の回答で、何度も出てきたキーワードが「自信」です。「不安」「恥ずかしい」という言葉も多く出ています。

第二期の段階にいる子どもは「やりたい」という気持ちを発揮しながらも、抑制・調整を働かせています。Mの場合、製作をやってみたいという気持ちを、「不安」や「恥ずかしい」という気持ちで抑制してしまっています。自分のカラダの声（内臓感覚）から生まれた抑制ならいいのですが、そうではなく、「周囲の目」を気にするあまり生まれてしまった抑制です。

Mの変化は、友だちとの信頼関係が育ってきたということ

この事例を第一期の信頼関係の視点でとらえることもできます。「（1学期は）親しみのある保育者と一緒に作る」という箇所から、1学期の段階で、特定の保育者との信頼関係が育っていたことがわかります。しかし、子ども同士の信頼関係はまだ未熟でした。それが、「（2学期は）友だちの隣に座って作業をする」こともできるようになった。つまり、クラスの友だちとの信頼関係（子ども同士の信頼関係）が育ってきたということです。

Mの抑制を解くことを「保育方針」に

Mへの今後の関わりとしては、「周囲の目」をキーワードに、その抑制を解いてやることが保育方針となるでしょう。

一方でMは、ほかの子どもが作る様子をじっと見たり、家でしたりして、少しずつ自信をつけていっています。その姿を引き続き見守っていくことで、Mは抑制から少しずつ自由になっています。

Mが「茶色と緑にする」と自分からアクションを起こした姿は、「やりたい」気持ちが抑制を上まわってきているということです。

まとめ

保育者一人ひとりの「個人知（その人ならではの子ども理解）」と、保育チームの「協働知（チームによる協働的な子ども理解）」、さらには、保育理論による「一般知（理論知。保育理論からの子ども理解）」とを重ね合わせることで、より深く子どもを理解する。それがケースカンファレンスのあり方です。

NOTE

課題への回答や、気づきを記入しましょう。

おわりに

「主体性」には、

Ⓐ 様々な「やりたい」「やりたくない」「なんかいい」「なんかやだ」がその人の中に湧き出たり、収まったりすること。そうして、その人が生きている実感に充たされること。

Ⓑ 湧き出たり、収まったりしていく感覚を、自分の中で確かめながら、「その人なりの判断基準」で「するかしないか」を決めること。

という「二つの主体性」があって、その二つが連動したときに（主体性が二重に働いたときに）、人はもっとも豊かに「主体であること（主体性）」を生きている。

それが、この本で紹介したかった考え方です。

ふだん、保育者のみなさんは、「保育者である自分」をどこかで意識しながら、保育をしているのだと思います。「保育者であること」が、「判断基準」に深く食い込んでいる状態で（それは、いいことなのですが）、生きているのでしょう。

言い換えれば、Ⓑの主体性を働かせて、仕事にあたっているのだと思います。

とはいえ、子どもと保育者がひびき合うのは、ⒶとⒷが連動しているときだと思います。

みなさん自身が楽しくなってきちゃって、子どもたちとの遊びの渦（うず）に巻き込まれちゃって、「保育者」としての判断基準はいい具合にほどけて、「生（なま）の人間」としての実感が湧き出ちゃっている。そんなとき、子どもたちと思いっきり、ひびき合っている。

　そこでは「生（なま）の人間としての感覚（熱気）」と「保育者としての判断（意図）」とが——主体性Ⓐと主体性Ⓑとが——うまく重なり合って、連動しているはずです。

　そんな保育の姿を、ⒶとⒷの主体性から理解したい。そんな思いを込めて**『写真と動画でわかる！「主体性」から理解する子どもの発達』**というタイトルにしました。

　また、本書には「保育」のエピソードだけではなく、「育児」のエピソードも入れました。「保育」と「育児」をもっともっとつなぎたい。そんな私の思いを込めました。

　最後になりますが、この本にご協力いただいた保育者、園長先生、出版社と編集者、家族、そして読者のみなさんに感謝いたします。

2024年２月　久保健太

編著者

久保健太（くぼ・けんた）

母親の実家である三重県で生まれ、その後、埼玉県川口市で育つ。

東京大学教育学部を卒業し、同大学院教育学研究科で、汐見稔幸先生の指導を受けながら、まちづくりの研究をする。特に「ゆったりとした生活」が人間の成長において担う意味について研究をしている。

現在は、横浜で我が子たちと暮らしながら、大妻女子大学で学生たちと学び、桐朋幼稚園で共同研究を続け、横浜で子育て支援者たちとの工夫を重ね、大日向小中学校（長野県南佐久郡）の理事を務めている。

協力

子どもの姿から発達を考える研究会・参加者

学校法人岩崎学園
岩崎学園附属幼稚園
久冨多賀子　荒木恵理子　大滝佳奈

学校法人亀ヶ谷学園
宮前おひさまこども園
川口夏音

学校法人関東学院
関東学院六浦こども園
倉金恭子

学校法人慶泉学園
さくらい幼稚園
奥田一輝　金井菜月

学校法人捜真バプテスト学園　認定こども園
捜真幼稚園
長谷川明日香　勝村日向子　慶林坊 歩

学校法人桐朋学園
桐明幼稚園
能登比呂志

学校法人二俣川学園　認定こども園
二俣川幼稚園
二宮 礼　福田 栞

株式会社グローバルキッズ
グローバルキッズ戸塚吉田町保育園
諏訪幸奈

株式会社グローバルキッズ
グローバルキッズ日吉園
大西 舞

株式会社グローバルキッズ
グローバルキッズ日吉5丁目園
山口直人

社会福祉法人種の会
つどいの森もみの木こども園
手塚詩織　大久保里穂

社会福祉法人東香会
上町しぜんの国保育園
青山 誠　江口芽依

社会福祉法人東香会
渋谷東しぜんの国こども園
津幡まどか　赤熊優香

社会福祉法人わこう村
和光保育園
亀井湧介　鈴木秀弘

社会福祉法人ル・プリ
杜ちゃいるど園
城田 龍

東京都認証保育所
ウッディキッズ
溝口義朗

動画提供

社会福祉法人わこう村
和光保育園

社会福祉法人省我会
新宿せいが保育園

編集	こんぺいとぷらねっと（茂木立みどり　鈴木麻由美）
装幀・本文デザイン	SPAIS（熊谷昭典　宇江喜桜）
カバー・本文イラスト	渡辺千春
印刷・製本	株式会社ルナテック

写真と動画でわかる！

「主体性」から理解する
子どもの発達

2024年3月20日　発行

編　著	久保健太
発行者	荘村明彦
発行所	中央法規出版株式会社
	〒110-0016　東京都台東区台東3-29-1　中央法規ビル
	Tel 03 (6387) 3196
	https://www.chuohoki.co.jp/

定価はカバーに表示してあります。
ISBN978-4-8243-0054-6

本書の内容に関するご質問については、下記 URL から「お問い合わせフォーム」にご入力いただきますようお願いいたします。
https://www.chuohoki.co.jp/contact/

A054